U0933489

珍藏本
纪念版

汉译世界学术名著丛书

语言论

——言语研究导论

〔美〕爱德华·萨丕尔 著

陆卓元 译

陆志韦 校订

商务印书馆
SINCE 1897 The Commercial Press

2017年·北京

LANGUAGE

AN INTRODUCTION TO THE STUDY OF SPEECH

by

Edward Sapir

内 容 提 要

本书是美国观念主义语言学派的代表作。初版于1921年。

本书共十一章，系统地讨论了语言学的对象，语言成分，语音，语法程序，语法概念，语言的结构类型，语言的发展，语音规律，语言的交互影响，语言与种族、文化的关系，语言和文学的关系等问题。

本书的体系基本上是依据意大利唯心主义哲学家、属于新黑格尔学派的克罗齐的《心灵哲学》建立起来的。

汉译世界学术名著丛书
（120年纪念版·珍藏本）
出 版 说 明

2017年2月11日，商务印书馆迎来120岁的生日。120年前，商务印书馆前贤怀揣文化救国的理想，抱持“昌明教育，开启民智”的使命，立足本土，放眼寰宇，以出版为津梁，沟通中西，为中国、为世界提供最富智慧的思想文化成果。无论世事白云苍狗，潮流左右激荡，甚至战火硝烟弥漫，始终践行学术报国之志，无改初心。

迻译世界各国学术名著，即其一端。早在20世纪初年便出版《原富》《天演论》等影响至今的代表性著作，1950年代后更致力于外国哲学和社会科学经典的译介，及至1980年代，辑为“汉译世界学术名著丛书”，汇涓为流，蔚为大观。丛书自1981年开始出版，历时三十余年，迄今已推出七百种，是我国现代出版史上规模最大、最为重要的学术翻译工程。

丛书所选之书，立场观点不囿于一派，学科领域不限于一门，皆为文明开启以来，各时代、各国家、各民族的思想与文化精粹，代表着人类已经到达过的精神境界。丛书系统译介世界学术经典，引领时代思想，为本土原创学术的发展提供丰富的文化滋养，为推动中国现代学术和现代化进程做出了突出的贡献。

为纪念商务印书馆成立120周年，我们整体推出“汉译世界学术名著丛书”120年纪念版的珍藏本，寄望既利于文化积累，又便于研读查考，同时向长期支持丛书出版的译者、编者和读者致以敬意。

两甲子后的今天，商务印书馆又站在了一个新的历史时间节点上。我们不仅要铭记先辈的身影和足迹，更须让我们的步伐充满新的时代精神。这是商务人代代相传的事业，更是与国家和民族的命运始终紧密相连的事业。我们责无旁贷，必须做好我们这代人的传承与创造，让我们的努力和成果不仅凝聚成民族文化的记忆，还能成为后来人可以接续的事业。唯此，才能不负前贤，无愧来者。

商务印书馆编辑部

2017年10月

中译本序言

这本《言语研究导论》是陆卓元几年前在养病时翻译的，为的是仔细阅读一本比较刻实的普通语言学书和练习翻译。当时我在译稿上做了一些文字上的修改，加了一些附注。最近决定要出版，我又把原稿逐字逐句重新审读了一次，随处加以润饰，再由陆卓元就原书校对了一次，最后我又重读了一次，改成现在的样儿。

这本书的英文，中国青年读者素来以为特别难念。萨丕尔的哲学背景和那个时期的行文风格，都是中国读者所不大熟悉的，所以格外觉得文字晦涩，有时好像横生枝节，或是意在言外。个别地方我也不敢说完全理解了他的用意，只能勉强忠实地翻译。结果是有一些译句既不十分信，又不十分达。希望读者能指出那些毛病，待有机会再修改。书里的脚注，凡是注明“译按”的，是我加的；注明“译者”的，绝大部分是陆卓元加的。

作者在前言里说，本书也是为“门外的人”写的，不只是为研究语言的人。那些“门外的人”是当时欧美学界对社会科学，特别是对人类学，有广泛兴趣或有相当造诣的人。时代变了，事隔四十年了，中国又不比当时的北美，一位中国语言文学系的同学，只修过现代汉语这一门的，泛泛地浏览这本书，未必就能体会到它的长处，批判它的短处。细心地念它，是会得到益处的，不论在积极方面还是在消极方面,都会有好处。所以,这本书最好还是用作普通语言学课程的参考书。

语言专业的高年级学员会在这书里接触到一些新的资料,更可以面对一些语言学问题的特殊提法。例如,论到语言交互影响时,作者说,借词的趋势或强或弱,取决于语言结构本身;借音不影响到语言本身的音韵格局;借语法成分只限于次要的关系成分,并且是语言本身的沿流上已经预兆了的。论到语言和种族、文化的关系时,作者大胆地论述了诗的声律怎样决定于各民族的语音结构;并且干脆地说:"我们最好还是把语言沿流和文化沿流当做两个不能比较、没有关系的过程。"

要特别留意这书的第四章到第六章。这三章是分析语法概念,最后把语言分类建立在语法概念的类型上。这种做法要求着重讨论一般语法书上没有充分发挥的问题。据我看来,本书的语法概念四分法未免有点牵强,因而它的语言分类法也未必能够实际应用。这方面,各人对本书的反应当然可以大不相同。我以为,中国语法学者这几十年来有意无意地受了一些印欧语法的牵累,有的人几乎忘记了汉语语法的"精神面貌"。我们大可以从这几章书学到一些基本的东西,比如我,就从这里初步了解到"屈折"是怎么回事,为什么汉语和英语的语法系统是那样的貌合神离。

本书对于"词"的看法,"词类"的看法,"句子"的看法,都很特别。作者从克罗齐(Croce)的观点出发,认为"词"和"句子"都是艺术品,跟语法范畴无关;"词类"问题是古老而无聊的问题。

第七章和第八章谈语言沿流。沿流是语言的无意识的精神表现,原文叫 drift,大意是指语言的历史就像是一条河的流动,缓慢的，表面上看是迂回曲折的，但是最终可以看出有一定的流向，是预先决定了的。译成"沿流"是勉强的。两章所说的有点像现在所谓语言发展的内部规律，可又不尽然。作者所要说的不在乎总结发展规律是什么，而是企图解释为什么会有这样那样的规律。同时，作者又不止一次着重申明，语言发展的最基本的心理因素我们是一无所知的。因此，我们念这两章书，可能时常会觉得似懂非懂。例如，说方言发展出在个人变异和社团分散这两个因素，这是常谈，但是论到英语和德语的元音变化上为什么会出现平行规律时，又肯定这是决定于方言分化之前早已有的那股趋势的，这就叫人有点莫名其妙了。第七章可能比第八章更不容易念，例如说英语有一股取消名词变格的总沿流，因此可以预测关系代词 whom 不久也会失去，这是可以理解的，至于说那股趋势是上千年来英语的直觉的内在的演化因素，有的人就会觉得这话是多余了的，是形而上学的。

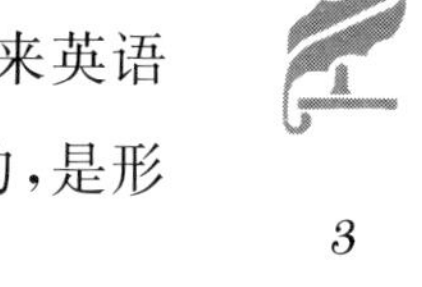

我提出这些问题来，是希望阅读本译本的时候，在理论批判方面有所准备，同时对一些可能是头一回遇到的说法和看法，不要轻易放过，也不要轻易接受。

陆 志 韦

1963 年 1 月

目　　录

前　　言

写这本小书是为了给语言这门学问以某种概观，而不是为了罗列事实。书里很少谈到语言的最终心理基础，在引用某些语言的实际描写材料或历史材料时，也只以能够阐明原则为度。主要目的在于说明我以为语言是什么；它怎样随着时间和地点而变异；它和人类所关心的其它根本问题的关系怎样，如思维问题、历史过程的本质、种族、文化、艺术。

我希望这样的概观对研究语言学的人有用处，对门外的人，就是颇倾向于把谈论语言当做闲汉的咬文嚼字而加以摈斥的人，也有用处。专门研究语言的人多知道一些他们这门科学和各方面的联系是必要的，免得沉迷于枯绝的和纯技术的看法。当代作家中对自由思想有影响的，很少几个能了解语言的基本意义，克罗齐(Croce)是这少数人中的一个。他指出了语言和艺术的密切关系。我从他的看法受惠不浅。语言的形式和历史过程不只本身有意思，并且非常有诊断价值，能帮助我们了解思维心理学上的一些疑难而又难以捉摸的问题，和人类精神生活上的那种奇怪的、日积月累的趋势，即所谓历史，或进步，或进化。这种价值主要依靠语言结构的无意识性质和未经理智化的性质。

我避免了大部分语言学的术语名称和一切技术符号。书里没有一个附加音符。讨论时尽可能用英语材料。不过，本书计划涉及人类思维表达的多样形式，所以必须举一些外国语的例子。似乎不必引为遗憾。篇幅有限，我不得不割舍许多本来想论述的观念和原则。还有别的方面，也只能在片言只语中暗示到而已。虽然如此，我还是相信本书已经汇集了足够的事例来刺激人们对一门被忽视的学问做更深刻的研究。

看过本书手稿的朋友们提出了亲切的意见和有益的建议，谨向他们表示诚恳的谢意，特别是对加利福尼亚大学的 A. L. Kroeber 教授和 R. H. Lowie 教授、里德学院的 W. D. Wallis 教授、伊利诺大学的 J. Zeitlin 教授。

渥太华，安大略，[加拿大]　　爱德华·萨丕尔
1921 年 4 月 8 日　　(Edward Sapir)

第一章　引论:什么是语言

说话是日常生活里太熟习的事情了,我们难得会踌躇一下来给它下个定义。人说话,和走路一样,是自然而然的,只是比呼吸略次一点儿。然而只要稍加思索,我们就会相信:人自然就会说话,这不过是一种幻觉。学说话的过程其实是和学走路的过程绝不相同的。学走路时,文化,或者说社会习惯的传统,不起什么重要作用。小孩子天生具有我们叫做生物遗传的一套复杂因素,能做出走路所必需的一切肌肉、神经适应。这些肌肉和神经系统的相应部分的配备,可以说本是特别适宜于做出走路和类似的动作的。实在说,一个正常的人先天就注定要走路,并不是因为大人帮助他学会这种技术,而是因为从出生起,甚至于从受胎起,他的机体就准备好承担起走路这件事的一切神经机能消耗和一切肌肉适应。简括地说,走路是人类的遗传的生物的功能。

语言不是这样的。自然,在某种意义上,说一个人先天注定要说话,也是对的。但这完全是由于他不只出生在自然界里,同时也出生在社会怀抱之中,而社会一定会,大概一定会,领导他走向社会传统。没有了社会,如果他还能活下去的话,无疑他还会学走路。但也同样可以肯定,他永远学不会说话,就是说,不会按照某一社会的传统体系来传达意思。要不然,把一个刚生下来的人从他出生的社会环境迁移到完全另外一个社会环境里去。在新环境里，他会发展走路的技术，差不多像在老环境里一样。然而他的言语会和他本土环境的言语全然不同。那么，走路是一种普遍的人类活动；人和人之间，走路的差别是有限的。这种差别是不自主的，无目的的。言语这一人类活动，从一个社会集体到另一个社会集体，它的差别是无限度可说的，因为它纯然是一个集体的历史遗产，是长期相沿的社会习惯的产物。言语之有差别正如一切有创造性的事业都有差别，也许不是那么有意识的，但是正像不同民族之间，宗教、信仰、习俗、艺术都有差别一样。走路是一种机体的、本能性的功能（当然它不是一种本能）；言语是一种非本能性的、获得的、“文化的”功能①。

有一件事往往叫人不会认识语言只是声音符号的习惯系统，而引起通俗的想法，以为语言具有某种它实在没有的本能基础。这就是大家都看到的，在情绪激动之下，譬如说在剧痛或是狂欢时，我们会不由自主地发出声音来。听到的人以为这声音就是情绪的表达，但是这样的不由自主的感情表现和传达意思的正常方式（也就是言语）天差地远。前者实在是本能的，不是符号性的。换句话说，疼痛的声音、喜欢的声音本身并不表达情绪，它并不像是自己站在一旁，宣称某种情绪正在被感觉到。它所做的只是叫情绪的力量多少自动地流露出来，从某种意义上说，它只是情绪本身的一部分。并且，严格地说，这种本能的喊叫也难以说是传达。

① 译按：“本能”是 instinct，“本能性的”是 instinctive。这里反映本世纪初期美国心理学上的一种争论。

它们并不是对任何人发出的。如果有人听到的话，也只不过是偶然听到，就像听到狗叫、行近的脚步声或风的淅淅声一样。如果这也对听者传达了某些意思，那只是就最广泛的意义说的，环境中任何声音以至任何现象都可以说对观察到的人传达了意思。要是把不由自主的呼痛声（通常用“噢”来代表）看做真正的语言符号，和“我很疼”那样的意思等同起来，那么也就可以把出现云彩看做等同于“看来要下雨了”这样的传递确定信息的符号了。语言的定义假若扩展到包括一切这样的推想，就变得毫无意义了。

千万不要犯这样的错误，以为我们惯用的感叹词（“噢！”、“啊！”、“欷！”）就是本能的喊叫。这些感叹词不过是自然声音的习俗的定型，所以在各种语言里，它们按着各该语言的语音特性而有很大差别。这样，就语言这个名称的确切的文化上的含义来说，感叹词可以算是语言本身的一部分。它们不等于本能的喊叫，就像 cuckoo，killdeer[①] 不等于真的鸟叫，罗西尼（Rossini）在《威廉泰尔》歌剧序曲里描拟的风暴不就是风暴。换句话说，正常语言里的感叹词、象声词和它们的自然原型的关系，正像是艺术和自然的关系，而艺术纯粹是社会的或文化的。也许有人会反对说：从一种语言到另一种语言，感叹词虽然略有区别，但又突出地相似，像一家人一样，所以可认为是从一个共同的本能基础上成长起来的。但是这种情况跟绘画表现上的民族风格没有什么不一样。日本画画山和现代欧洲

① cuckoo 是鹧鸪的叫声在英语里的语言定型，killdeer 是一种美洲小鸟的叫声在英语里的语言定型，是这两种鸟的名字。——译者

画画同样的山，既相同又不相同。二者都受到同一自然形象的启发，都是“摹拟”它。二者又都不是这自然形象本身，也不能用任何让人能了解的话把它们说成是这自然形象所直接产生的。这两种表现风格不一样，因为它们出自不同的历史传统，是用不同的绘画技术来处理的。日语和英语的感叹词也正是这样，都是同一自然原型，本能喊叫，所启发的，所以不能不是彼此互相启发的。它们有时差得很大，有时差得极小，因为它们是由这两个民族历代沿袭下来的不同资料或不同技术所构成的。这不同的资料或不同的技术就是这两个民族各自的语言传统、语音系统和说话习惯。然而，整个人类的本能喊叫本身是差不多完全相同的，就像人的骨骼或神经系统总不过是人体组织的“固定”部分，只能稍有“偶然的”变异而已。

语言成分中，感叹词属于最不重要的部分。它们所以值得讨论，主要是因为可以用它们来说明：即使是它们，肯定是所有语音中最接近本能喊叫的，也只在表面上具有本能性质。所以，即使我们能证明整个的语言，在它原始的历史和心理基础上，都可以追溯到感叹词，我们仍然不能说语言是一种本能活动。何况事实上企图这样来解释语言起源都是徒然的。没有任何可以抓得住的证据——历史的或其它的——足以说明语言成分和语言程序大体上是从感叹词演化来的。感叹词只是语言词汇中极小的和功能上最不重要的一部分；在任何时候，在有记载的任何语言领域中，都没有看到它们有组成语言基本经纬的明显趋势。它们从来就至多不过是这块宽阔而复杂的织品上的装饰花边而已。

感叹词是这样，象声词更是这样了。Whippoorwill，to mew，to caw[①] 这一类的词都不是人本能地或自动地响应自然的声音。它们实在是人脑的创作，想象力的发挥，和语言里任何其它东西一样。它们并不直接从自然里生长出来，只是自然所启发的，与自然游戏而已。所以语言的象声起源说，就是认为一切言语都是从摹拟性的声音逐渐演化出来的，并不能使我们达到比我们今日所认识的语言更为接近本能水平的地步。至于这种学说本身，它也不见得比感叹词起源说更可信些。诚然，有些词我们今天虽然已经不感到它们有摹拟声音的意味，可以证明曾经有过一种语音形式，很有力地暗示着它们的起源是摹拟自然声音的，例如英语的 to laugh（笑）[②]。即便如此，也不可能证明，并且没有内在的理由足以叫人设想，语言成分，除去微不足道的部分，是从象声起源的，或是语言的形式机构上的任何东西是从象声起源的。不管我们在一般原则上怎样有意强调摹拟自然声音在原始人的语言里的基本重要性，事实上这些语言对摹拟词并不显出特殊的爱好。马更些（Mackenzie）河上的阿萨巴斯根（Athabaskan）部落是美洲土著最原始的一种，他们的语言里几乎没有或者全然没有象声词；而在英语、德语这样自以为文明的语言里却随便使用象声词。这个例证可以说明语言的根本性质和单纯摹拟之间，关系是何等微弱。

上文已经廓清了道路来给语言下一个可用的定义。语言是纯

① Whippoorwill 是一种美洲猫头鹰的叫声在英语里的语言定型，就是这种鸟的名字。mew，caw 是猫叫声和乌鸦叫声的语言定型；to mew，to caw 是这两个词的动词形式。——译者

② 译按：指盎格鲁-萨克逊 hlehhan，参考古日耳曼 hlahhan 等。

粹人为的，非本能的，凭借自觉地制造出来的符号系统来传达观念、情绪和欲望的方法。这些符号首先是听觉的符号，是由所谓“说话器官”产生的。不管本能表现和自然环境能给某些语言成分的发展多大刺激，不管本能的趋势（运动的或其它的）在多大程度上规定了语言表达的范围和方式，人类语言本身并没有可以觉察到的本能基础。人或动物用不由自主的、本能的喊叫来进行的交际（如果可以叫做交际的话），根本不是我们所谓语言。

我刚谈到了“说话器官”，乍一听，这好像等于承认说话本身是一种本能的、由生理决定的活动。不要被这个名词引入歧途。确切地说，并没有说话器官，只是有些器官碰巧对发生语音有用罢了。肺、喉头、上腭、鼻子，舌头、牙齿和嘴唇都用来发音，但它们不能认为主要地是说话器官，正像手指不能认为主要地是弹钢琴的器官，或膝盖主要地是祈祷的器官。说话并不是一种简单的活动，不只是由一个或几个生理地适应于这用途的器官来进行的。它是一张极端复杂、经常变动的调节网（在脑中，神经系统中，以及发音和听觉器官中），用以满足交际的要求。肺大致可说是为了所谓呼吸这一必需的生物功能而发展起来的，鼻子是嗅觉器官，牙齿是为了嚼碎食物以备消化。这些器官以及其它器官经常在说话时被利用，那是因为任何器官一经存在，只要能自主地控制，人就会叫它服务于第二重目的。从生理方面说，说话是一种上层的功能，或者更恰当些说，是一群上层的功能。它叫神经、肌肉的器官和功能尽可能地为自己服务，而这些器官和功能却是为了另外的目的而存在的。

诚然，生理心理学家会谈到语言在脑中的位置。这只能这么

理解：语音是位于脑的听觉神经路中，或位于它的某一限定的部分中的，就像非语音的声音也位于那里一样；说话所包含的运动过程（如喉头中声带的动作、发元音所必需的舌头动作、发某些辅音所必需的嘴唇动作等等）是位于运动神经路中的，就像其它一切特殊运动的神经冲动也位于那里。同样，阅读这动作所包含的那些视觉认识过程，它们的神经控制也位于脑的视觉神经路中。当然，跟任何语言成分有关的各神经路中的各个位置点，或各丛位置点，都由脑中的联合路线连接起来；所以语言的外观方面，或是心理-物理方面，是由脑中的联合位置和下导神经路所组成的一张大网，而其中听觉位置无疑地是最基本的。但是，位于脑中的一个语音，即使已经和发这个语音所必需的“说话器官”的一定动作联合起来了，也还远不能成为一个语言成分。它必须进一步和人的经验的某个成分或某些成分（例如某个或某类视觉印象，或对外物的某种关系的感觉）联合起来，否则不可能具有起码的言语意义。这个经验“成分”就是一个语言单位的内容或“意义”。在说话这动作和听话这动作的直接背景上，有互相联合着的听觉的、运动的、和其它大脑的过程，而这些过程不过是这些“意义”的复杂符号或标记，下面就要讨论这一点①。可见语言并没有，也不可能有一定位置，因

① 译按：本节下文原文晦涩。如不能读，跳过也不妨。那个时代的语言学者都知道一些神经生理学以及当时流行的所谓机能心理学，特别像作者提到“关系的感觉”，那是詹姆斯（James）的看法。本节所说，大致不过是：语言活动以及所凭借的神经生理这方面，和个人经验（就是意识）这方面的关系是符号性的关系。符号性的关系，即语音和经验的关系，是偶然建立起来的。作者说：“语言是在人的心灵或‘精神’结构中充分形成的功能系统”，这也不能解释为二元论或是“并行论”。作者是受了克罗齐（Croce）的《精神哲学》的影响的。并且当时的机能心理学又把意识当做一种神经机能。

为语言是一种特别的符号关系，一方面是一切可能的意识成分，又一方面是位于听觉、运动、和其它大脑和神经线路上的某些特定成分；从心理上说，这关系是一种任意关系。如果要说语言是一定地“位于”脑中的，那也只是在一般的并且没有多大用处的意义上说的，即意识的一切方面、人类的一切兴趣和活动，都可以说是“在脑中”的。那么，我们没有别的办法，只有承认语言是在人的心灵或“精神”结构中充分形成的功能系统。我们不能把语言当做单只是一件心理-物理的事来给它下定义，虽然这心理-物理基础是很必需的，否则语言不能在人身上发生作用。

从生理学家或心理学家的观点来看，我们研究语言这一门学问，而不经常或者明明白白地谈到这基础，好像是无理地说得那么抽象。但是这样的抽象说法正是可以辩解的。我们大可以从语言的作用，形式和历史来讨论它，正像我们可以把人类文化的任何其它方面——譬如说艺术或宗教——只当做一桩制度上的或文化上的事情来讨论，抛开背后的生理的和心理的机构不谈，把它们看做是当然有的事情。所以必须明确了解：这本语言研究绪论就是不谈作为语言基础的生理学和心理学方面的事。我们的语言研究不是有关某一具体机构的产生和作用的研究；它不如说是为了讨论所谓语言这个任意性符号系统的功能和形式。

我已经指出语言的本质就在于把习惯的、自觉发出的声音(或是声音的等价物)分派到各种经验成分上去。“房子”这个词，如果所指的只是组成它的辅音和元音，按着一定的次序说出来，而在耳朵产生音响效果，那不是语言；发出这个词的运动过程和触觉也不是语言；听者对这发音动作的视觉也不是语言；对写在或印在纸上

的“房子”这个词的视觉也不是语言；书写这个词的运动过程和触觉也不是语言；对这些经验的任何一种或全部的记忆也不是语言。只有当这些，可能还有其它的，联合的经验自动地和一个房子的印象联合起来时，才具有一个符号，一个词或一个语言成分的性质。但是仅仅这样联合起来还是不够的。一个人可能在某一所房子里，在一种感人的情况下，听到过某一个词，以至于这个词和这个房子的印象在这个人的意识中总是共同出现，缺一不可。这样的联合并不构成语言。联合必须是纯粹符号性的。换句话说，这个词必须指出这个印象，标出这个印象，并且每当需要而且合适的时候，能用作这个印象的筹码①，而不作别用。这样地联合起来——自主地，而且在某种意义上说只是任意地做的——需要高度运用自觉注意。至少开始的时候要这样，因为习惯很快就会叫这种联合变得几乎像任何联合一样地自动，而且比其中绝大多数运用得更为迅速。

但是我们又走得太快一点了。如果“房子”这个符号——不管是听觉的、运动的，或是视觉的经验或印象——只是附着于某次看到的某一所房子的个别印象，那么，泛泛地说，它是可以叫做一个语言成分。可是显而易见，这样组成的言语在交际上很少有价值或者全没有价值。必须把我们的经验世界大事简化和一般化，才可能给我们所有的对事物、对关系的经验开一个清单，这个清单是我们传达观念时所必需的。语言成分，标明经验的符号，必须和整组的经验，有一定界限的一类经验相联合，而不只是和各个经验相

① “筹码(Counter)”指“合符”，“代表”。——译者

联合。只有如此才可能交际,因为单个的经验位置在个人的意识中,严格地说是不能传达的。要想传达,它必须归入一个社团所默认的共同的类。这样,我对某一房子的个别印象就必须和我对它的所有其它印象参同起来。更进一步,我对这所房子的一般化的记忆或我对这所房子的"意念",必须和所有看见过这所房子的人对它的"意念"融合起来。原来的那个个别经验到此已扩展开来,包括了凡有感觉的人对这所房子形成的或可能形成的一切感觉或印象。这样初步把经验简化,是一大类语言成分的基础。这一大类即所谓专名词或各人各物的名字。这样的经验简化,主要地也是历史和艺术所依托的,是形成它们的素材的。但是我们还不能满足于把无穷的经验仅仅这样简化。我们必须深入到底,必须多少有点任意地把一堆堆相似的经验归在一起,认为它们是相似到足以看做是相同的——这样做是错误的,但正是方便的。这所房子和那所房子以及成千累万性质相似的其它现象,尽管细节上有很大的和显著的差别,还是被认为足够相像,可以归为同一项目。换句话说,"房子"这个语言成分主要不是单个知觉的符号,甚至也不是对某一事物的意念的符号,而是一个"概念"的符号;或者说,是一个可以顺手把思维包装起来的胶囊,包括着成千累万不同的经验,并且还准备再接纳成千累万的。如果说语言的单个有意义的成分是概念的符号,那么实际上联串的言语就可以认为是把这些概念安排起来,在它们中间建立起相互关系的记录。

常有人提到这个问题:没有语言,思维是否可能。或者进一步问:语言和思维是否不过是同一心灵过程的两个方面。这个问题到处逢到误解,以致更加变为难题。不如首先指出,不管思维是否需要符号(也就是语言),联串的言语并不总是表示思想的。我们已经看到,一个典型的语言成分标明一个概念。但是并不能由此引申说,语言的使用永远或主要地是概念的。日常生活中,我们并不怎么关心概念,反而更关心具体的东西和特殊的关系。例如我说:“今天早晨的一顿饭很不错”,显然我并没有苦苦思想,我所要传达的只不过是一种愉快的回忆,用符号把它顺着常轨表现出来。句中的每一成分指定单个的概念或是概念的关系,或是概念和关系联合起来,但整个句子没有概念的意味。这就有点像一个能供给足够的电力来开动电梯的发电机只用来专门供给一个电铃。这样比拟,乍一看没多大意思,其实不然。可以把语言看成一架乐器,能奏出不同高度的心灵活动。语言的流动不只和意识的内在内容相平行,并且是在不同的水平面上和它平行的,这水平面可以低到为个别印象所占据的心理状态,也可以高到注意焦点里只有抽象的概念和它们的关系的心理状态,就是通常所谓推理。可见,语言只有外在的形式是不变的;它的内在意义,它的心灵价值或强度,随着注意或心灵选择的方向而自由变化,不消说还随着心灵的一般发展而自由变化。从语言的观点来看,思维的定义可以是:言语的最高级的潜在的(或可能的)内容,要达到这内容,联串的言语中的各个成分必须具有最完满的概念价值。由此可知语言和思维不是严格地同义的。语言最多也只有在符号表现的最高、最概括的水平上才能作为思维的外表。稍微改变一下角度来看,语言主要地是一种先理性的功能。它逐渐接近思维。思维先只是潜伏在语言的分类法中和形式中,而最终才可以从语言中看出思维。语言并不像一般的但是肤浅的想法那样,是贴在完成了的思维上的

标签。

大多数人，如果你问他能否不用言语来思想，大概会回答："能，但要我这样做不容易，然而我知道是能的。"语言只不过是一件外衣！但如果语言不怎么像一件外衣，而更像是一条现成的路或是车辙，那又怎么样呢？非常可能，语言本是一种在概念水平以下使用的工具，而思维是把语言的内容精炼地解释了之后才兴起的。换句话说，产品随着工具而改进。正像数学推理非借助一套适当的数学符号不能进行一样，没有语言，思维的产生和日常运用未必更能想象。没有人相信数学命题，即使是最难的，注定要依靠一套任意性的符号；但是不可能设想，没有符号，人的心灵会得出这个命题或把它掌握住。作者本人颇以为许多人觉得能不用语言来思想，甚至推理，只是一种错觉。这种错觉似乎是由好几个因素造成的，其中最简单的是没有能区分印象和思维。事实上，只要我们试一试叫一个印象和另一个印象在意识上发生关系，就会发现自己默默地说了一连串的词了。思维可能另是一个自然领域，不同于人为的言语，但是就我们所知，言语似乎是通向思维的唯一途径。还有一个原因更会叫人幻想思维可以抛弃语言，那就是一般不理解语言并不等于它的听觉符号。听觉符号可以用运动符号或视觉符号一个对一个地来代替（例如许多人能够纯粹凭视觉来阅读，即不需要从印刷或书写的词引起一连串相应的听觉印象作为中间环节），或用其它一些更隐微，更难以捉摸，以至不容易确指的转移作用来代替。所以，仅仅因为一个人不觉得有听觉印象同时存在，就硬说他不用语言来思维，那绝不是合理的。甚至可以猜想思维的符号表达有时会跑出意识边缘之外，所以就某种类型的人

的心理来说，会感觉到一种自由的、非语言的思维之流，这倒是相对地可以辩护的(但也只是相对地)。从心理-物理的角度来看，这句话的意思就是：言语在大脑中的相应部分，即脑中的听觉中枢，或相应的视觉或运动中枢，以及和这些中枢适应的联合路线，在思维过程中只被轻微地触动，以致全没有进入意识。这是一种极端的情况，思维不和语言手拉手地颠簸着，而只轻飘飘地骑在潜伏的语言的顶峰上。现代心理学给我们指出符号在无意识心理中起着多么有力的作用[①]。所以现在比二十年前更容易了解，最清虚的思维可能只是无意识的语言符号的有意识的对应物。

让我就语言和思维的关系再略谈几句。上文发挥的观点一点也不排除这样一种可能：语言的成长要充分依赖思维的发展。我们可以假定语言是先理性地兴起的——至于如何兴起，确切地在哪样的心理活动水平上才会兴起，我们不知道——但是我们绝不能想象一个高度发展的语言符号系统会在明确的概念和思想(即概念的安排)起源之前自己发达起来。我们宁可设想，几乎在语言表达开始的时候，思维过程像是一种精神泛滥，就渗进来了；并且，一个概念一经确定，必然会影响到它的语言符号的生命，促使语言的进一步成长。我们确实看到这种语言和思维相互作用的复杂过程在我们眼前进行着。工具使产品成为可能，产品又改良了工具。一个新概念的产生总是在旧语言材料的使用多少有点勉强的时候或是扩大了的时候预示出来；这个概念在具有明确的语言形象之

① 译按："现代心理学"原文作"the modern psychology"，指弗洛伊德(Freud)的精神分析论。

前是不会获得个别的、独立的生命的。在绝大多数情况下，这个概念的新符号是用已经存在的语言材料，按照老规矩所制定的极端严格的方式造成的。有了一个词，我们就像松了一口气，本能地觉得一个概念现在归我们使用了。没有符号，我们不会觉得已经掌握了直接认识或了解这个概念的钥匙。假如"自由"、"理想"这些词不在我们心里作响，我们会像现在这样准备为自由而死，为理想而奋斗吗？但是我们也知道词不只是钥匙，它也可以是桎梏。

语言主要地是一个听觉符号系统。因为它是说出来的，它也是一个运动系统。但是语言的运动方面显然比听觉方面次要。在正常的人，语言的冲动首先发生在听觉印象的范围，然后再传送到控制发音器官的运动神经。运动过程和相伴的运动感觉可也不是终点。它们只是一种手段、一种制约，引起说话的人和听话的人的听觉。说话的目的是交际，只有当听者的听觉翻译成适当的和预期的一串印象或思维，或二者兼有，交际才算成功。所以就语言作为纯粹的外表工具来说，它的循环起始于并且终结于声音的领域。起始的听觉印象和终了的听觉知觉互相对应了，这个过程才得到社会的印证，算是成功了。正如我们已经看到的，这个过程的典型程序可以受到无穷的修改，或转移成别的相当的系统，而不丧失它主要的形式特征。

种种修改之中，最重要的就是思想时语言过程的紧缩。随着各人的心理结构或心理功能的特点，这种紧缩无疑会有多种形式。修改得最少的形式是所谓"自言自语"或"出声思想"。这里，说话者和听话者变为同一个人，可以说是自己对自己交际。更有意思的是进一步紧缩的形式，它根本不发出语音来。各种各样的默语和正常思想都属于这一类。只有听觉中枢受到了激动;或者是语言表达的冲动虽然传给了跟发音器官相通的运动神经,而被抑制在这些器官的肌肉中或运动神经本身的某点上;再不然是听觉中枢只稍稍受到影响,或根本没有受到影响,言语过程直接在运动范围中显现出来。一定还有其它类型的紧缩。默语时虽然听不见声音,看不见发音动作,但是运动神经的兴奋却是常有的。例如在阅读非常动人的读物之后或深思之后,发音器官,特别是喉头,往往会感到疲乏,这就证明运动神经的兴奋。

以上所说的一切修改法都是以正常言语的典型过程做底子的。还有非常有趣而且重要的事,就是把整个言语符号系统转移到典型过程所不包括的其它范围里去的可能性。典型过程只涉及声音和用来发出声音的动作。视觉并没有参与。但是我们可以假设一个人不仅听见声音,并且看见说话者的发音器官的动作。显然,人观察说话器官的动作,只要能灵敏到足够的程度,就给一个新类型的语言符号开辟了道路,和声音相应的动作所引起的视觉印象就代替了声音。对绝大多数人,这样的一个系统没有多大用处,因为我们已经有了听觉-运动系统,而视觉系统最多也不过是把它不完全地翻译一下,不是一切发音动作都是眼睛看得见的。不过大家都知道聋哑人如何巧妙地利用“念嘴唇”来作为了解言语的辅助方法。在一切视觉语言符号中,最重要的自然是书写或印刷的字。在运动方面与此相应的是有精细调节的动作系统,它形成手写、打字,或其它记录语言的书写方法。从这些新类型的符号里,我们除了认识到它们已经不再是正常语言的副产品,还认识到一件有意思的事,那就是新系统中的每一个成分(字母或书面的

词)相应于原本的系统中的一个特殊成分(单音或音组或口头的词)。借用一个数学术语来说,书面语和口语是点对点地相等的。书面形式是口语形式的第二重符号——符号的符号,但是它们对应得如此严格,以致不仅在理论上而且在某些专用眼睛读书的人的实践上,又可能在某些类型的思想里,书面形式可以完全代替口语形式。不过听觉-运动的联合大概至少总还是潜伏在内的,就是说它还是在下意识里起作用。即使那些在阅读或思想时绝不用声音印象的人,分析到底,还是要靠它的。基本听觉符号好比是商品和服务,而视觉符号是流通媒介,是货币,这些人只是为了方便而掌握了货币。

语言转移的可能性实际上是无限的。一个大家熟悉的例子就是摩尔斯(Morse)电码,书面语的字母用约定俗成的一串串长短不同的滴滴声来代表。这里,转移由书面的词形成,而不是直接由口语的声音实现的。所以电码字母是符号的符号的符号。自然,一个熟练的电报员要了解电文,并不需要把一串串的滴滴声先翻成词的视觉印象,然后才能体验到正常的听觉印象。每个人实在怎么从电报交际中念出言语来,那无疑是有很大差别的。甚至可以想象(虽然未必实有其事),就思维过程的纯粹可意识的部分来说,某些电报员可能学会了直接用滴滴的听觉符号来思想;或者碰巧他们对运动符号有很强的自然倾向,会直接用发送电讯所引起的相应的触觉-运动符号来思想。

另一类有趣的转移是各种手势语,例如聋哑人用的、发誓永不说话的脱拉毕斯脱(Trappist)教派的修道士用的,或是能互相看见而不能互相听到的两方交际人用的。这些系统之中,有的是和正常言语系统点对点地相等的，有的，像军用手势符号或北美洲平原印第安人的手势语（语言互不相通的部落都懂得），是不完全的转移，仅限于在困难情况下传递必不可少的、比较粗糙的言语成分。也许有人会争辩说，在这后两种系统里，还有在海上或森林里使用的更不完全的符号里，语言实在已经不起作用、观念是直接由跟语言决然无关的符号过程传达的，或是由半本能的摹仿来传达的。这样的解释未免错了。这些较模糊的符号所以能了解，不是因为别的，还是因为把它们自动地、默默地翻译成了更完备的词句。

我们可以毫不犹豫地做出这样的结论：除了正常言语之外，其它一切自主地传达观念的方式，总是从口到耳的典型语言符号的直接或间接的转移，或至少也要用真正的语言符号做媒介。这是非常重要的事。听觉印象和与之相关的引起发音的运动印象，是一切言语和一切思想的历史渊源，不管追溯它的过程是怎样的曲折。还有一点更为重要。语言符号能容易地从一种官能转移到另一种官能，从一种技术转移到另一种技术，可见单只语音并不是语言的基本事实；语言的基本事实毋宁说在于概念的分类、概念的形式构造和概念的关系。再说一次，语言，作为一种结构来看，它的内面是思维的模式。我们所要研究的，与其说是言语的物理事实，不如说是这抽象的语言。

有关语言的一般现象中，最叫人注意的无过于它的普遍性。某个部落是否有足以称为宗教或艺术的东西，那是可以争论的，但是就我们所知，没有一个民族没有充分发展的语言。最落后的南非布须曼人（Bushman）用丰富的符号系统的形式来说话，实质上完全可以和有教养的法国人的言语相比。不用说,在野蛮人的语言里,较为抽象的概念出现得不那么多,也不会有反映较高文化水平的丰富词汇和各种色彩的精密定义。然而,语言和文化的历史成长相平行,后来发展到和文学联系起来,这至多不过是浮面的事。语言的基础规模——清晰的语音系统的发展、言语成分和概念之间的特定联合,以及为种种关系的形式表达做好细致准备——这一切在我们所知的每一种语言里都已经完全固定了和系统化了。许多原始的语言,形式丰富,有充沛的表达潜力,足以使现代文明人的语言黯然失色。单只清算一下语言的财富,就会叫外行人大吃一惊。通俗的说法以为原始语言在表达方面注定是非常贫乏的,这简直是无稽之谈。语言的多样性也给人深刻的印象,不见得次于它的普遍性。我们学过法语或德语的,更好是学过拉丁语或希腊语的,都知道同一种想法可以采取多少不同的形式。但是英语的规模和拉丁语的规模,在形式上的分歧还是比较小的,只要看一看我们所知的更陌生的语言格局就知道了。语言的普遍性和多样性引出一个很有意思的推论。我们不得不相信语言是人类极古老的遗产,不管一切语言形式在历史上是否都是从一个单一的根本形式萌芽的。人类的其它文化遗产,即便是钻木取火或打制石器的技艺,是不是比语言更古老些,值得怀疑。我倒是相信,语言甚至比物质文化的最低级发展还早;在语言这种表达意义的工具形成以前,那些文化发展事实上不见得是一定可能的。

第二章　语言的成分

我们已经不止一次提到过“语言成分”，大概说来，我们所指的就是通常所谓“词”。现在要更仔细地看看这些成分，来认识一下语言的质料。以后我们提到“语言”，是指语言符号的听觉系统，是嘴里说的一串串的词。语言的最简单的成分是单个的音（以后我们会看到，一个音本身不是一个单纯的结构，而是发音器官内一系列的独立而又互相紧密联系的调节的结果）。然而，确切地说，单音根本不是语言成分，因为语言是一种达意的功能，而单音本身并没有意义。有时候单音可以是一个独立的有意义的成分，如法语的 a（有），à（向），拉丁语的 i（去）。不过这些例子只是单音偶然和有意义的词相一致，不只从理论上看来是偶然的，从史实上看来也是如此。这三个例子都是原来较丰富的语音组的简化形式——拉丁语的 habet 和 ad，印欧语的 ei。如果说语言是一幢建筑物，语言的有意义的成分是建筑物的砖，那么语音只能比做造砖用的、没有成型、没有烧过的黏土。这一章里我们不再就音来论音。

语言的真正有意义的成分一般是由一串音组成的词，或是词的有意义的一部分，或是词组。这些成分的特点是：它们之中的每一个都是一个特定观念的外表标记。这观念可以是一个概念、一个印象，或彼此有一定联系而成为一个整体的几个概念或几个印象。一个单词可以是我们要研究的最简单的有意义的成分，也可以不是。英语的词sing（唱），sings（他唱），singing（正在唱），singer（唱的人），每一个都传递一个完全确定而可以了解的观念（虽然这观念是孤立的，因而在功能上是没有实际价值的）。我们立即可以看出这些词属于两类。第一个词 sing 是不能再分析的语音单位，传递着对某一特殊活动的意念。其它的词都包含同一基本意念，不过由于加上了别的语音成分，这个意念有了某种转折，改变了，规定得更确切了。在某种意义上，它们代表着从基本概念发生出来的复合概念，所以我们可以把 sings，singing，singer 这些词当做双重表达来分析。它们包含着一个基本概念，主体概念（sing），还包含着另一个抽象程度更高的概念——关于人称、数、时、条件、功能的，或者其中几个合并起来的。

如果我们用代数公式 A 来代表 sing 这样一个词端，我们就得用 A＋b[①] 这公式来代表 sings，singer 这样的词端。A 成分本身可以是一个完整独立的词（sing），或者只是一个词的基本质料，就是所谓词根、词干[②]，或者词的“根本成分”（sing-）。b 成分（-s，-ing，-er）是一个附属的、通常更抽象一些的概念的指标；就“形式”一词最广泛的意义来说，这附属概念给基本概念加上了形式上的限制。我们可以管它叫“语法成分”或附加成分。下文会看到，语法成分，或者不如说语法增号，不必定加在根本成分后边。它可以是个前加成分（如 unsingable“不能唱的”的 un-），也可以插入词干的中间（如拉丁 vinco“我征服”的 n，和没有 n 的 vici“我已经征服

① 把大写字母留给根本成分用。

② “词根”，“词干”，这里不是就其狭窄的术语意义说的。

了”对比)，也可以是词干的全部或局部重叠，也可以是词干内部的形式改变(改换元音，如 sung“已经唱了”，song“歌”；改换辅音，如 dead“死”形容词，death“死”名词；改变重音；真正的紧缩)。这一切类型的语法成分或语法改变，每一个都有这样的特点：在绝大多数情况下不能独立使用，而必须附加或者焊接在根本成分上，来传递一个可以了解的意念。所以还不如把我们的公式 A+b 修改成 A+(b)，圆括号表示一个成分不能独立。语法成分不但是非跟根本成分联合起来就不能存在，并且，一般地说，还必须和某一类的根本成分联合起来，才能充分发挥它的作用。例如英语 he hits(他打)的-s[①] 和 books(书)的-s[②] 是全然不同的意念的符号，因为 hit 和 book 在功能上不同类。但是我们必须立刻指出，一个根本成分虽然有时等于一个词，不能就此说它总是，甚或经常是作为一个词使用的。例如拉丁语 hortus，horti，horto 中的 hort-(花园)和 singing 的-ing 同样是抽象的东西，虽然它的意义比较容易领会一些。二者都不是能独立了解和叫人满意的语言成分。可见这根本成分和语法成分都要通过抽象过程才能得到。似乎宜于用 A+(b)来代表 sing-er，而必须用(A)+(b)来代表 hort-us。

到此为止，我们找到的可以说是实在“存在”的语言成分首先就是词。在给词下定义以前，我们还需要更仔细地看一下像 sing 这一类型的词。我们把 sing 和一个根本成分等同起来，这究竟是合理的吗？它代表着概念和语言表达的简单的互相对应吗？

① 标明第三人称单数。——译者

② 标明复数。——译者

sing-是从sings,singing,singer抽出来的,我们以为它具有一般的未经改变的概念价值,这是确当的,但是它和sing这个词真的是同样的语言事实吗?要怀疑这一点,好像是荒谬的,不过只要稍微想想,就会相信这种怀疑是完全合理的。事实上,sing这个词并不能随便用来代表它本身的概念内容。跟sing显然有关系的sang和sung这些形式的存在就说明sing不能用于过去时,至少在它的使用范围的主要部分上限于现在时。可是从另一方面说,它能够用做"不定式"(例如在to sing"唱",he will sing"他要唱"那样的说法里),这又指出它确有相当强的趋势不受约束地代表一个特殊概念的整个范围。不过,sing要真能适当地说是一个未经改变的概念的固定表达形式,那么sang、sung,song中元音的参差就无所容身了,我们也不会看到sing只特别用来表示各人称现在时了(第三人称单数sings除外)。

事情的真相是这样:sing是一个半明不暗的词,闪烁在真正的根本成分和singing型的、经过改变的词的中间。虽然没有外部的标志说明它不只传递一个概括的意思,我们总觉得它牵挂着像缥缈的雾一样的附带价值。公式A好像不如A+(0)那样能代表它。我们可以设想sing是属于A+(b)型的,只是(b)已经消失了。说我们"觉得"这个词是这样,绝不是幻想,因为历史证据真地告诉我们,sing原来是好几个很不相同的A+(b)型的词,现在把它们各自的价值汇集到一块了。这些词里的(b)已经不是捉摸得到的语音成分,不过它的削弱了的力量还是余音袅袅。I sing(我唱)的sing相当于盎格鲁-萨克逊语的singe,不定式sing相当于singan,命令式sing相当于sing。大约在诺曼人(Norman)入侵的时候，英语的形式开始瓦解，此后我们的语言就尽力创造单纯的概念词，不和形式成分融合起来，只是到现在还没有成功，除了个别的副词和其它类似的成分。要是英语的典型的不能分析的词真是纯粹的概念词（A 型），而不是奇怪的过渡类型（A＋[0]型），我们的 sing（唱），work（工作），house（房子）和成千累万其它的，就可以和许多别的语言的真正根本词相比了[①]。随便举一个例子吧，比如奴脱加（Nootka）[②]词 hamot（骨头）。英语里和它对应的词只能在表面上和它相比。Hamot 的意义是不确定的，不比英语的 bone 是粘上单数的意念的。如果需要的话，奴脱加印第安人能用几个不同的方式来传递多数这观念，不过他并不需要。不必注意单数和多数的区别的时候，hamot 可以是单数，也可以是多数。而我们，只要一说 bone（除开它的指称物质的次要用途），就不只说到某种东西的性质，同时也包含着说只有一件这种的东西，不管我们愿意不愿意。这一点附加的价值叫情形变得大不相同了。

我们现在知道了四种不同形式类型的词：A（奴脱加语 hamot），A＋（0）（sing，bone），A＋（b）（singing），（A）＋（b）（拉丁语 hortus）。此外只还有一种类型基本上是可能的：A＋B，就是两个或更多的能独立出现的根本成分联合成一个单位，如复合词 fire-engine（灭火机），或者如一个修克斯语（Sioux）[③]形式，相当于英语的 eat（吃）和 stand（站）两个根本成分的联合 eat-stand，意思

① 这不是像汉语那样的语言的普遍孤立性的问题（见第六章）。根本词可以并且的确在各种各样的语言里出现，好些这样的词是相当复杂的。

② 温古华岛（Vancouver Island）上的一群印第安部落说的语言。

③ 北美洲印第安人的一族说的。——译者

是站着吃。不过常有这样的事，其中一个根本成分功能上变得依附于另一个根本成分，以至具有语法成分的性质。我们可以用 A+b 来表示它。这里附属成分 b 和它的独立的对应物 B 之间的外部联系可以逐渐消失，而使 A+b 型和较普遍的 A+(b)型合流。像 beautiful（美的）这样的词是 A+b 型的例子，-ful 保留着它的原型（即 full—译者）的痕迹。而 homely（村野的）这样的词就显然是 A+(b)型的了，因为除了语言学家，没有人知道-ly 和独立词 like（像）之间的联系。

当然，在实际应用上，这五种（或六种）基本类型可以在几个不同的方向变得相当复杂。(0)可以有多种价值，换句话说，A+(0)型词的基本意念的潜在形式改变，可以涉及不只一个语法范畴。比如说，拉丁语 cor（心）这个词不只传递一个具体概念，这形式（实际上比它的根本成分 cord-还短）还牵挂着三个不同的，但是纠结在一起的形式概念：单数、性别（中性）和格（主格—宾格）。所以 cor 的完备的语法公式是 A+(0)+(0)+(0)；虽然它外表的语音公式应该是(A)-，(A)代表抽象“词干”cord-，减号代表丢了一些东西。要紧的是，像 cor 这样的词，当它出现在句子里时，这三种概念上的限制并不只是从暗示表达出来的，它们永生永世固结在这个词的脏腑里了，不管怎么使用这个词也不能消除它们。

还有其它的复杂化现象，是由各部分的重复造成的。一个词可以有几个 A 级的成分（我们已经用 A+B 来代表它），几个(A)，几个 b，几个(b)。最后，各种类型又可以无尽地自相组合起来。像英语甚至拉丁语这样比较简单的语言，只能有限度地说明这些理论上的可能性。但是，如果我们从庞大的语言仓库里找例子，不只从我们较熟习的语言里找，也从陌生的语言里找，我们会发现几乎没有一种可能性不是实际上用到的。举一例子，一个复杂的类型可以代表几百个可能的类型。我从派乌德语(Paiute)挑选了一个，那是居住在犹他州(Utah)西南干旱高原上的印第安人的语言。Wii-to-kuchum-punku-rügani-yugwi-va-ntü-m(ü)这个词[①]在派乌德语里也是不寻常的长词，但也不是神奇鬼怪的。它的意思是“将要坐着用刀子割一头母牛(或公牛)的人们”。按照印第安语，各个成分的次序是“刀子—黑—野牛—家养—割开—坐(多数)—将来时—分词成分—有生命多数。”用我们的符号来写，这个词的公式该是(F)+(E)+C+d+A+B+(g)+(h)+(i)+(o)。这是A+B复合动词“坐着割开”的将来时分词的多数。成分(g)代表将来时，(h)是分词性的后附加成分，(i)指明有生命多数。这三项都是语法成分，拆开来就不传递任何意思。公式(o)用来暗示这个完整的词除了传递它确定表达的意思外，还传递一个关系性的观念，就是主语性，或者说，这个形式只能用做句子的主语，而不能是宾语或其它造句成分。根本成分A(“割开”)在和同位的成分B(“坐”)合并以前，本身就已经和两个(或两组)名词性的成分复合起来了，其中一个是当做工具格用的词干(F)(“刀子”)，一个是当做宾格用的组(E)+C+d(“黑母牛或公牛”)。这(F)可以随便用作名词形式的根本成分，但是照本例使用的形式，不能独立用作名词。(E)+C+d组本身又是由两项组成的，一是不能独立使用

① 我用这个例子，或从不熟习的语言引用其它的例子时，出于现实的考虑，不得不把它们实在的语音形式简化了。这样做影响不大，因为我们只顾到形式本身，而不管语音内容。

的形容词性根本成分(E)("黑")("黑"这绝对意念只能用动词的分词形式来表现:"是黑的");二是复合名词 C+d("野牛—家养"),根本成分 C 的意义是"野牛",而成分 d 虽然一般说来是一个能独立出现的名词,意思是"马"(原来是"狗"或泛指"家畜"),但通常是用作一个准附属成分,来表示它所依附的词干所指的那个动物是人豢养的。可以看出,整个合成体(F)+(E)+C+d+A+B 从功能上说不过是一个动词性的基础,相当于英语 singing 里的 sing-;加上时间成分(g)以后,它仍然是动词性的——请注意,不要以为(g)只附属于 B,它是附属于整个基础合成体的;(h)+(i)+(o)这些成分才把这动词性的表达转化成一个形式上严格规定的名词。

现在该是明确说词是什么的时候了。无疑地,我们首先会想到这样的定义:词是一个概念的符号性的语言对应物。我们现在知道这样的一个定义是不可能的。从功能的观点来给词下定义,实在是不可能的,因为词可以表达单个概念,不论是具体的,抽象的,或纯粹关系性的(如 of"的",by"被、当",and"和"),也可以表达完整的思维(如拉丁语 dico"我说",或是如形式复杂得多的奴脱加语动词形式,指"我惯于在做[某事]的时候吃二十个圆东西[即苹果]",还可以表达二者之间的任何东西。在第二种情况下,词变得等同于句子了。词只是一个形式,一个有一定模型的东西,按照本语言的特性所能容许的程度,把完整思维的概念质料包括得多一点或是少一点。所以,各种语言里承担孤立概念的根本成分和语法成分是可以互相比拟的,成形的词可不然。根本成分(或语法成分)和句子是语言的主要的基本功能单位,前者是抽象的最小单位，后者是一个统一的思想的叫人感到美满的体现。语言的实在的形式单位，词，有时可以和这两种功能单位的任何一种相等，不过它通常居于这两个极端之间，体现一个或几个根本意念和一个或几个辅助的意念。总括起来说，从言语的现实里抽象出来的语言的根本成分和语法成分，适应从经验的现实里抽象出来的科学的概念世界；而词，作为活的言语的现实存在的单位，则适应人的实际经验的单位、历史的单位、艺术的单位。句子呢，只有在我们觉得它是由深藏在词里面的根本成分和语法成分所构成的时候，才是完整思维的逻辑的对应物。我们平常觉得句子是词和词联结起来的，那么它就是经验的、艺术的心理对应物。我们越是需要严格地把思维本身弄清楚，词越是变成不相干的工具。这样，我们就容易明白，为什么数学家和符号逻辑学家不得不抛弃词，而借助于具有严格单一概念价值的符号来构造他们的思维了①。

有人会反对了，词难道不也是像根本成分那样抽象的吗？难道它不是人为地从活的句子里抽出来的，正像最小概念成分是从词中抽出来的吗？的确有些语言学家把词看成是这样的抽象，虽然据我看来论据可疑。诚然，在个别情况下，特别是在一些美洲土著的高度综合的语言里，有时候不容易说某个语言成分该当做一个词或是一个更长的词的一部分。这些过渡的例证虽然有时候叫人迷惑，实质上并不削弱词在心理上存在这个道理。语言经验，不论是用标准的书面形式表达出来的还

---

① 译按：这里作者显然是受了克罗齐“抽象哲学”和“具体哲学”的影响，读时会叫人似懂非懂。下文还提到“词”只是分解句子后得到的“具有孤立意义的、最小的叫人完全满意的片断”。据作者看来，“词”是一个艺术性的概念。

是日常生活中体验到的，都无疑地指出，要把词当做心理现实提到意识中来，一般是毫无困难的。没有比这样一个试验更能令人信服的了，一个头脑简单的印第安人，并不熟习书面的词这个概念，却能把一段文章一个词一个词地口授给语言学家，没有多大困难。当然他会把词连在一起，像平常说话那样。不过要是你叫他停住，并且让他明白你要他做什么，他就能把词孤立起来，把它们当做一个个单位重复一遍。反过来说，他常会拒绝把根本成分或语法成分孤立起来，因为这“没有意义”①。那么，什么是词的客观标准呢？说的人和听的人是都感觉到了词的，可是我们又怎么为这感觉辩护呢？如果功能并不是词的最终的标准，什么是呢？

这个问题问起来容易，回答起来难。我们最多只能回答：一个词是从句子分解成的，具有孤立“意义”的，最小的叫人完全满意的片断。不能把它切开而不打乱意义，切开之后，这一部分或那一部分，或两部分，留在我们手上，像是无可奈何的孤儿。不要以为这是太平凡的标准，用起来倒实在方便。在 It is unthinkable（这/是/不可想象的）这样一个句子里，简直不可

① 我做印第安语野外工作的时候，时常得到这一类的经验，并且还可以用另一种经验来清清楚楚地参证它。有两次，我教聪明的印第安青年按我使用的语音符号来写他们的语言。我只教他们怎样把语音本身准确地记下来。要学会把一个词拆成它借以组成的语音，他们两个人都有些困难；可是要划分词，一点困难也没有，做得很自然而又准确。我从他们之中的一个得到的几百页奴脱加语手稿里，词，无论是抽象的关系成分，像英语的 that（连词），but（但是），还是像上文所举的那样复杂的奴脱加句词，几乎毫无例外，分写得正像我或者任何其它工作者会分写的那样。这样的头脑简单的说话人和记录者一起工作的经验，比任何长篇大论的纯理论辩证更能叫人相信词确是一个可塑形的个体。

能把其中的成分组成另外三个词或更小的词。Think(想)或thinkable(可想象的)也许可以孤立起来,不过un-,-able或is un-都无从叫人满意,我们就不得不把unthinkable当做一个整体,一件小小的艺术品。某些外部的语音特点也时常使人更加“感觉”到词,但并非永远能这样。其中主要的是重音。在许多,或许是绝大多数语言里,一个词由一个统一全局的重音标出来,一个音节加重了,其它音节从属于它。哪个音节会这样地突出,无须说决定于各种语言的不同本性。重音的统一作用的重要性,显然可以从英语unthinkable(重音在-think-),characterizing(“特征化”,重音在char-)这样的例子里看到。我们分析过的那个派乌德语的长词,由几个特点标明它是一个固定的语音单位,其中主要的是第二音节(wii'“刀子”)上的重音,和最后元音(-mü,有生命复数)的变为模糊(用语音学术语来说就是“变无声响[unvoicing]”)。重音、语调以及词里边的辅音和元音的安排,这些特点往往有助于把词在外表上划出来;但这绝不能解释为词的心理上的存在全靠有它们,虽然有人是这样解释的。它们至多不过加强了已经由于别种理由而存在的单一性感觉。

我们已经看到,语言的较大的功能单位,句子,不仅在逻辑上存在或抽象地存在,它还和词一样,也有心理上的存在。给它下定义并不难。它是一个命题的语言表达。它把说话的主题和对这个主题的陈述二者联结起来。主题和“谓语”可以联结在一个词里,如拉丁语dico(我说),也可以各自独立表达出来,如译成英语I say。这两部分,或其中一部分,可以加上修饰成分,因而引起各种各样的复杂命题。不管有多少这样的修饰成分(词或者词的有功能部分)加进来,只要每一个都处于限定说话主题的地位,或限定谓语核心的地位,句子就不会丧失它的单一的感觉①。The mayor of New York is going to deliver a speech of welcome in French(纽约市长要用法语致欢迎词)这样一个句子很容易使人感到是单一的陈述,不能把它的某些成分按现在这样的形式移到上句或下句里去而使之紧缩。Of New York(纽约的),of welcome(欢迎的),in French(用法语)这些限定观念都可以去掉而无害于句子的流畅。The mayor is going to deliver a speech(市长要致词)是一个完全可懂的命题。但是不能比这缩得更短了,例如我们不能说 Mayor is going to deliver②。这紧缩了的句子可以分解为说话的主题——The Mayor,和谓语——is going to deliver a speech。习惯上把 mayor 当做这个句子的主语,把 is going,甚至于 is,当做谓语,其它的成分肯定是从属的。但是这样的分析纯粹是公式化了的,没有心理价值的。不如爽快地承认,句子-命题的这两项,或其中一项,有时不能用单词的形式来表达。有的语言能只用两个词,一个主语词和一个谓语词,来传递 The-mayor is-going-to-deliver-a-speech 所传递的,但是英语不是这样高度综合的语言。这里我们所要说的一点就是:在完成的句子的后面,有一个具有固定

① “并列句”如 I shall remain but you may go(我留下来但是你可以走)是否真正的统一的陈述,是否真正的句子,值得怀疑。把它们算做句子,与其说是从严格的形式的语言学观点来看,不如说是从风格上来看的。把它们分写成 I shall remain. But you may go 或 I shall remain. Now you may go,同样是内在的合理的。头两个命题在感情上联结得更紧一些,所以习惯上形成书面联写,可千万不要让它蒙蔽了分析精神。

② 除了可能用于报纸标题,但是这样的标题只能在引申的意思上算做语言。

的形式特征的活的句型。说的人和写的人可以随意用附加的东西把这些定型(或实在的句子基层结构)掩盖起来,但定型本身却是传统所严格“规定”的,就像根本成分和语法成分是由完成了的词里抽象出来的一样。用这些基本成分,我们可以有意识地仿照老词创造新词,但是难得有新的词型被有意识的创造出来。同样,随时可以创造新的句子,但总是严格遵循着传统的路线。不过,扩大了的句子通常总给人以相当大的自由来运用所谓“非主要”部分。正是这自由的余地使我们有表现个人风格的机会。

语言的本色就是把根本成分、语法成分、词和句子跟单个概念,或组成整体的概念群按习惯联合起来。重要的是,在所有的语言里这种联合都不免有点随便。例如 hide(藏)这个观念也可以用 conceal 这个词来表达,three times(三次)这意念也可以用 thrice 来表达。一个概念的多重表达,大家都认为是语言的力量和色彩的泉源,而不是不必要的浮华。在抽象概念和关系概念的领域内,观念和语言表达的随便对应就比较讨厌了,特别是在用语法成分体现概念的时候。在 books(“书”、复数),oxen(“牛”、复数),sheep(“羊”、复数),geese(“鹅”、复数)这些词里,复数表达的随便,我想会叫人感到是一种不可避免的、传统的障碍,而不是受人欢迎的富丽堂皇。显而易见,这样的随便不能超过某种限度。好些语言在这方面的确已经走到难以置信的地步了,不过语言的历史肯定地证明,不常出现的联合早晚要被更有活力的联合所磨灭,而后者本身也要受到一些修改。换句话说,一切语言都有一种内在的趋势,力求表达上的精简。要是这种趋势完全停顿,也就没有语法了。一切语言都有语法,那不过是普遍地表达一种感觉:类似

的概念和类似的关系最宜于用类似的形式做符号。假如有一种完全合乎语法的语言的话，它就是一部完善的表达概念的机器。不幸，也许正是大幸，没有一种语言是这样霸道地强求内部一致的。所有的语法都有漏洞。

以上所说都是假定语言的材料只反映概念世界和作为概念素材的印象的世界（这后者是在我曾大胆地叫作“先理性的”水平上反映的）。或者说，我们一直假定语言只在观念的或认识的范围里活动。现在该把这画面扩大了。语言也在一定限度内明显地照顾到意识的意志方面。差不多所有的语言都用特别的方法来表达命令（例如动词的命令式）和没有实现或不能实现的愿望（如 Would he might come! “但愿他能来啊！”，Would he were here! “但愿他在这里啊！”）。整个说来，感情好像没有得到这么适当的出路，而感情本来也真是所谓“尽在不言中”的。绝大多数的（如果不是所有的）感叹词都可以算在感情表达的账上；也许还应该算上一些表达一定语气的语言成分，如虚拟式或可能式可以被认为反映犹豫或疑虑——轻微的恐惧。总地说来，必须承认观念在语言中居统治地位，意志和感情显然是次要因素。这毕竟是完全可以理解的。印象和概念的世界，客观现实的无穷尽的、变化无常的图景，是人类交际中不可避免的主题事物；因为有效的活动只有（或主要）在这个世界的范围里才是可能的。欲望、志趣、感情是客观世界的个人色彩，是由个人的心灵私自加上的，对旁人不怎么重要。这并不是说意志和感情不被表达出来。严格地说，在正常语言里总免不了它们，不过它们的表达并不是真正语言性的。轻重和抑扬顿挫上的细微差别、说话的快慢和断续、伴随着的身体动作，这

一切都表达了一点内心的冲动和感情。但是，分析到最后，这些表达方式只不过是人和动物所共有的本能呼声的变形，所以不管它们和语言的实际活动怎样地不可分割，从文化的角度来看语言，总不能认为它们是语言的一部分。而意志和感情的这种本能的表达，一般已经足够满足交际的目的，有时还是过分了的。

诚然，某些语言心理学的作家是否定语言以反映认识为主的性质的，反而企图证明大部分语言成分起源于感情的领域[①]。我得说我全然不能附和他们。他们的议论里只有一点是真的，我以为可以用一句话总括起来，就是说，绝大多数的词，像意识的差不多所有成分一样，都附带着一种情调，一种由愉快或痛苦化生的东西，通常是温和的（然而是实在的），也有时突然变得强烈。可是这种情调一般不是词本身固有的价值，它毋宁说是在词身上，在词的概念核心上长出来的情绪赘疣。情绪不仅随着时代改变（概念内容自然也是如此），并且因人而异，因为每个人的联想不同；就是在同一个人的意识里，情调也随时变化，因为他的经验在锻炼他，他的脾气也随着改变。当然，许多词是有社会公认的情调或公认的情调范围的，不受个人联想的支配，不过这充其量也只是变幻无常，难以捉摸的。它们难得有中心事物、主要事物的坚定性。例如，我们都承认 storm，tempest 和 hurricane 三个词[②]，除了实在意义上有些微差别外，还带有不同的情调，并且是所有敏感的说

① 如妙语动人的荷兰作家约克·藩·金尼根（Jac van Ginneken）。

② 不同程度的风暴。——译者

英语和读英文的人大致能同样感到的。我们觉得 storm 比其他两个词都普通些，肯定不那么“显豁”；tempest 不只让人联想到海，并且在好些人心里，由于联想到莎士比亚的伟大剧作[①]，有一种柔媚的光彩；hurricane 则比它的同义词更直率，更粗暴无情。然而这些词在每个人心里引起的情调，还可能会差得很远。有的人也许觉得 tempest 和 hurricane 是“软和的”文明词儿，较朴素的 storm 才有那两个词所没有的新鲜、粗糙的味道（试想 storm and stress“风暴和紧张”，指“危险和困难”）。假如我们小时候在一些以西班牙美洲[②]为题材的小说里幻游过，hurricane 可能就有一种愉快兴奋的色彩；假如我们不幸曾经卷在 hurricane 里，就很可能觉得这个词是冷的、凄惨的、险恶的。

词的情调，严格地说，对科学毫无用处。哲学家如果希望寻到真理，而不仅仅是想说服别人，他就会发现情调是他最阴险的敌人。不过，一个人从事于纯粹科学，实实在在地思想的时候并不多。他的心理活动通常沉浸在温暖的感情潮流里，他抓住词的情调作为驯顺的助手，来获得所希望的感触。对文艺家，情调自然是大有价值的。值得注意的是，即使对他们情调也是一种危险。如果一个词的通常的情调已经是大家毫无问题地接受了的，这个词就成了样子货，成了陈词滥调。文艺家不时要跟情调做斗争，让词恢复它赤裸裸的概念意义，而把感情效果建立在独出心裁地安排概念或印象的创造力上。

① 指“The Tempest”。——译者

② 指南美洲，特别是北部，巴拿马地峡和俄里诺科（Orinoco）河之间的地方。——译者

第三章　语言的音

我们已经知道单是言语的音的架子并不成为语言的内在实质，而有声语言的单个语音本身根本不是语言成分。虽然如此，我们还是免不了要大致地讲一下语音学，因为言语是不可避免地跟音和发音动作连在一起的。经验证明，无论是一种语言的纯粹形式方面还是它的历史过程，除非联系到体现这形式和这历史的音，就不能充分地了解它。详细地谈论语音学，对一般读者未免过于专门，并且和本书的主题不大相干，所以不能给它多大篇幅；不过我们还是可以谈谈有关语音的一些突出的事实和观念。

一般说话的人总觉得他的语言，音响上是由为数不多的不同的音构成的，其中每一个差不多正好适用通用字母表里的一个字母，在少数情况下一个音轮流适用两个或更多的字母。至于外国人的语言，他一般会觉得他们所用的音，除了少数几个跟他熟习的音有显著的分别，连耳朵不灵的人也瞒不过之外，其余的音都跟他所熟习的音一样。但是在音之外，外国话有一种神秘的“口音”，一种分析不出来的腔调，所以听起来有外国味儿。这种天真的感觉多半是幻觉。这可以分两方面来说。语音分析使我们相信，说任何一种语言的人，他可以清楚地辨别的语音和语音色彩，比自己认识到的要多得多。也许一百个说英语的人里边没有一个有点知道，sting（螫）这个词里的 t 和 teem（满是）的 t 并不是同一个音，后一个 t 充分“送气”，而前一个 t 的“送气”受到前面 s 的抑制；或 meat（肉）的 ea 比 mead（蜜酒）的 ea 听起来要短些；或 heads（“头”，复数）的末尾 s 不像 please（请）的 s 那样充分地发 z 音。有些外国人几乎已经掌握了英语，已经能避免他们的不那么细心的同胞所具有的更粗糙的语音缺点，却常常忽略这些细微的区别，因而使我们隐隐然觉得他们的英语发音里有一种奇怪的、不可捉摸的“口音”。我们不能诊断“口音”是一系列细微而特别的语音错误造成的整体音响效果，因为我们从来没有摸清过自己的语音是什么货色。随便举两种语言，比如英语和俄语，来比较它们的语音系统，我们多半会发现，很少有几个语音成分是完全相应的。比如俄语 tam（那里）的 t 既不是 sting 的 t，也不是 teem 的 t。它和这二者的区别在于它是“齿音”，是由舌尖和上齿接触而发生的，不像英语的 t 是由舌尖后部和齿龈接触发生的；此外它还有一点和英语 teem 的 t 不一样，它和后边的元音之间没有明显的“送气”，所以在音响效果上比较更清晰，更像“金声”。又比如，俄语里没有英语的 l 音，但是有两个不同的 l 音是说标准英语的人难以学得准确的，一个是“空的”、像喉音的 l，一个是“软的”、颚化的 l，后者只能大致不离地译成英语的 ly。甚至像 m 这样一个简单的、想来不会有变化的音，这两种语言里也不同。俄语 most（桥）的 m 和英语 most（最）的 m 并不一样，发俄语 m 时嘴唇更圆，给人一种更沉重、更洪亮的感觉。英语和俄语的元音，不用说，是完全不同的，连两个大致相同的都没有。

我举了这些细节做例证，其实没有多大用处，也许毫无用处，为的只是叫人经验上有所准备，能相信语音的巨大差异性。单给欧洲语言，就是和我们邻近的语言，开一个语言财富的清单，虽然已经长得出人意外，可是还远不足以给人一个对人类实际发音范围的正确观念。许多亚洲、非洲以及美洲土著的语言里，有成套成套的音是我们绝大多数人所不知道的。它们倒也不一定比我们熟习的音更难于发出，只是所用到的发音器官的肌肉调节我们从来不习惯罢了。可以妥当地说，人可能发出的音的总数大大超过实际用到的。一个有经验的语音学家实在不难制造出实际调查中没有遇到过的语音。我们所以难于相信可能发出的语音的范围大到无边无际，其原因之一是我们惯于把语音认做一种简单的、不能分析的感觉，而它其实是许多不同的肌肉调节同时进行的结果。只要一种调节有了些微变动，就会发生一个新的音。这新音是跟原来的音相近的，因为其它的调节还保持着，但是在听觉上有区别，人的耳朵已经变得对发音器官的细致表演非常敏感。还有另一个原因叫我们缺乏对语音的想象力：虽然我们的耳朵对语音能做细致的反应，我们的发音器官的肌肉从幼年就已变得只习惯于发生我们自己语言的传统语音所需的那些调节和调节系统了。所有的（或几乎所有的）其它调节，由于没有用过或由于逐渐淘汰，而永远受到抑制。当然，恢复这些被抑制的调节的能力并没有完全丧失，但是我们学习外国语新音时所经历的极度困难足以证明，在绝大多数人，发音器官的自主控制已经出奇地僵化了。把自主的说话动作的比较缺少自由和自主的手势动

作的几乎完全自由对比一下[1]，就可以叫人深深体会这一点。发音控制僵化是我们为了容易掌握一套极需要的符号系统而付出的代价。人不能极端自由地动作，而又选择得百发百中[2]。

可见，语言机构所能用的发音数目是无限的；每种语言都从这丰富储藏里明确地、严格经济地选出一些来作为己用。这许多能用的语音中的每一个都被一些独立而又协同动作来发生语音的肌肉调节所制约。这里不可能给每一个发音器官的活动——指和语言有关的活动——作充分的说明，也不可能有系统地按着语音的发音机构来把它们分类[3]。我们只能试做一些轮廓的叙述。发音器官包括：肺和气管；喉部，特别是叫做喉头的部分，俗称“亚当的苹果”（颏拉嗉）；鼻子；小舌，就是

① 注意这里说的“自主的”。当大声喊叫，或哼哼，或在别的情况下让声音自由发泄的时候，比如美好的春天独自在野外的时候，我们不再用自主的控制来固定语音节调。这时我们几乎一定会碰巧发出在实际言语里从没有学会控制的语音。

② 有人会质问了，如果就音响和发音来说，语言真是一个僵化的系统，怎么没有两个人说话能一样的呢？问得好像有理。回答很简单。言语里，凡是不在僵化的发音结构以内的部分都不是表达观念的部分，而只是附加上去的、多少有点本能地决定的发音细节，但是在实际言语里总免不了有它们。言语的一切个人色彩——自己的着重点、快慢、自己的语调、自己的音高——都是非语言的东西，就像欲望和感情的偶然表达一样，绝大部分也和语言的表达不相干。语言也像所有文化因素一样，要求概念的选择，要求抑制本能行为的任意性。承担文化的人既然是本能地活着的有机体，所以不论哪一方面的“观念”都不能在他的实践中实现。（译按：这里，作者又是明显地受了克罗齐的影响，有的人本以为克罗齐的学说是黑格尔主义的。）

③ 研究语音学的人当初爱采用的纯粹按音响的分类法，现在已不如按器官的分类法通行。后者的长处在于它比较客观。况且，一个语音有什么音响性质，尽管在语言意识中是直接的而不是间接的事实，总得依靠它是怎样发出来的。

挂在腭后根上的那个又软又尖、容易活动的东西；腭，又分为后部的能动的“软腭”（盖膜）和“硬腭”；舌头；牙齿；嘴唇。腭、下腭、舌头、牙齿和嘴唇可以看成一个拼合起来的共鸣室。它主要由于舌头的极端能动性而不断改变形状，这种改变是给予吐出的气流以一定的语音品质的主要因素①。

肺和气管所以能叫做发音器官，只是因为它们供应和输导自内向外的气流，非此不可能有听得见的发音。它们除了可能和音的轻重或音势有关系外，对任何特别的音或音的任何音响性质不负责任。音势的分别可能是由于肺部肌肉收缩力的细微分别，不过就是这种影响也为某些学者所否认，他们用声带的更细致的活动来解释这种在语言色彩上起很大作用的音势分别。声带是喉头里的两张位置近于水平的、高度敏感的小膜，而喉头主要是由两块大软骨、几块小软骨和几小块控制声带活动的肌肉构成的。

附着在软骨上的声带对发音器官的关系，正如两片苇簧之于竖笛，弦之于小提琴。它们至少能做三种不同类型的动作，都是对说话非常重要的。它们可以互相靠近或离开，可以像苇簧、琴弦一样地颤动，也可以在长短上松弛或紧缩。这最后一种动作可以叫声带用不同的长度或不同的紧张程度来颤动，就产生了音的高低；音的高低不仅出现在歌唱里，也出现在通常说话的不可捉摸的抑扬升降里。其它两种动作决定声响的性质（“声响（voice）”是方便的说法，这里指出气用在说话上）。声带分开，让气流不变形地通

① 这里所说的“品质”是指音本身的性质和共鸣。个人发音的一般“品质”是另一回事，那主要是决定于个人喉头的解剖特征的，跟语言学没有关系。

过，这种情况在术语上叫“无声响”①。这样发出的音都叫“无声响”的音，例如简单的、未经变形而进入嘴里的气流（它至少大致像是我们用 h 代表的音），以及口腔里的许多发音，如 p 和 s。相反地，声带可以紧合起来，不颤动。这时气流暂时止住，就听到轻微的闭气，或“忍住的咳嗽”。这在英语里不认为是一个确定的语音，但是并不少遇到②。这种暂时的停止，术语叫“喉塞音”。它是许多种语言的组成成分，例如丹麦语、雷脱语（Lettish）、某些汉语方言和差不多所有的美洲印第安语。真正的声响则处在无声响（完全开放的气流）和止住的气流这两端之间。这时声带是合起来的，但并不紧张到不许气流通过；声带振动了，就发生了高低不同的乐音。这样发生的音叫做“有声响的音”。前部的发音器官各有确定位置，因而这样的音也有一些不同的性质。我们的元音，鼻音（如 m，n）以及 b，z，l 这些音都是有声响的音。检验有声响音的最简便方法是看能不能用任何音高把它发出来，或者说能不能用它来唱③。说话时最容易听清楚的成分是有声响的音，所以差不多所有的音势、高低上的重要差别以及音节的划分都是由它来负担的。无声响的音是发出来的噪音，在一刹那间冲断了声响之流。还有

① 译按：“无声响”大致等于中国音韵学上所谓“清浊”的“清”，“有声响”大致等于“浊”，意义不全同。

② 例如干脆地说 no！（不！），在末尾有这音，有时写做 nope！；或者过分小心地说 at all（一点也……），在 t 和 a 的中间可以听出一个轻微的阻塞。

③ “唱”，这里是就广义说的。不能用 b 或 d 这样一个音连续地唱，可是很容易用一连串的 b 或 d 构成一个乐调，就像在弦乐器上运用拨弦手法一样。用 m，z，l 这样的可以连续的辅音做出一串串的乐音，就成为哼哼调（humming），嗡嗡调（droning），蓬蓬调（buzzing）。哼哼调的声音不过是一个延续的有声响的鼻音，可以随便保持在同一音高，或不同的音高上。

一些个别的声响，如喃喃自语和耳语，在音响上是处于毫不带声响的音和有声响的音中间的①。这样的声响和另一些种类的声响，在英语和绝大多数欧洲语里比较不重要，但是在某些语言里，正常说话时占比较显著的地位。

鼻子不是一个活动的发音器官，但是作为一个共鸣室它是很重要的。软腭的能动部分升起来，堵塞气流通向鼻腔的道路，就隔开了鼻腔和口腔（口腔是另一个大共鸣室），软腭自由地下垂，不起阻碍作用，让气流同时进入鼻腔和口腔，鼻和口就合成一个共鸣室。b 和 a（如 father“父亲”的 a）这样的音是有声响的“口腔”音，就是说，有声响的气流没有带着鼻腔共鸣。但是只要软腭一降下来，鼻腔共鸣室参加发音，b 和 a 就带上了特别的“鼻音”性质，分别变成了 m 和法语的鼻化元音 an（例如 sang“血”，tant“这样的”）。英语语音里，正常带鼻腔共鸣的只有 m，n 和 sing 里的 ng②。但是几乎所有的音都是可以鼻化的，不只是元音——鼻化元音在世界各地都很普遍——还有像 l 或 z 这样的音。无声响的鼻音是完全可能的，例如在威尔士语和多种美洲印第安语里。

构成口腔共鸣室的器官有两种发音方法。气流，不管有无声响，鼻化不鼻化，可以从口腔通过，而不在任何一点上受到阻塞或妨碍，也可以受到霎时间的阻塞或流过一条变窄的通道而产生空气摩擦。后两种类型的发音之间还有过渡类型。不受窒碍的气

① 平常说话的耳语是由无声响的音和语音学上所谓“耳语”音合成的。

② 齉鼻的人把一切有声响的元音都不自觉的鼻化了，这里不论。

流，因口腔共鸣室的形状不同，而带上特别的色彩或性质。口腔共鸣室形状的不同主要是由能动的部分（舌头和嘴唇）的位置决定的。舌头一起一落，一伸一缩，一松一紧，嘴唇撮拢（圆唇）到某种程度或维持静止的位置，就产生许许多多不同性质的音。这样的口腔音就是元音。理论上它们的数目是无限的，实际上人的耳朵只能分辨出有限的（可还是多得惊人的）共鸣位置。元音，不论是否经过鼻化，通常都是有声响的，不过在不少语言里也有"无声响的元音"。[①]

其余的口腔音一般都一并叫做"辅音"。发辅音时，气流受到某种干扰，因而共鸣较少而有较尖锐的音色。辅音群之中，一般认为有四种主要类型的发音方法。气流可以在口腔里的某一点上，在一刹那间完全被塞住。这样产生的语音，如 t、d、p，叫做"塞音"或"破裂音"[②]。或者气流可以经过狭窄的通路，受到延续的阻碍，但不完全塞住。这种"啸音"或"摩擦音"的例子是 s、z、y。第三类辅音，"边音"，是半阻塞的，发音的中心点上有真正的阻塞，但是气流可以从两边或一边的通路放过去。例如，英语的 d 和 l 同样有声响，并且同一口腔位置，发 d 音时，只要舌头在接触点的任何一边降下去，足够让气流通过，当时就变成 l。边音可以有许多位置。它们可以是无声响的（威尔士语的 ll 就是一个例子），也可以是有声响的。最后，气流的阻塞可以是迅速地间断的，或者说，用来接

① 也可以说是带有不同声响色彩的无声响的自由气流。19 页上所举的派乌德语长词里，头一个 u 和末了的 ü 都是无声响音。

② 鼻化塞音，如 m，n，自然不会真地被"阻塞"，因为无法用一定的发音动作把气流在鼻子里塞住。

触的活动器官——一般是舌尖，有时是小舌[①]——可以抵着或靠近接触点颤动。这就是“颤音”或“滚动辅音”，正常的英语 r 是一个不太典型的例子。在许多语言里它们可是很发达的，一般有声响，有时候也可以无声响，例如在威尔士语和派乌德语里。

单只口腔里的发音方法自然不足以确定一个辅音。还要顾到发音部位。接触可以在舌根和双唇之间的很多点上形成。这里不必冗长地讨论这个相当复杂的问题。或者是舌根和喉头接触[②]，或者是舌头的一部分和上腭的一点接触（如 k，ch 或 l），或者是舌头的一部分和牙齿接触（如英语 think“想”和 then“然后”里的 th），或者是牙齿和一片嘴唇接触（几乎总是在上齿和下唇之间，如 f），或者是上下唇接触（如 p 或英语的 w）。舌音是所有发音中最复杂的，因为舌头的活动性能叫舌面上不同之点，比如说舌尖，抵住许多接触点来发音。这样就有许多我们不熟习的发音位置，例如俄语、意大利语的 t 和 d 的典型“齿”位，或如梵语和其它印度语言的“上颚”位，舌尖抵住硬颚发音。既然从齿尖向后直到小舌，从舌尖向后直到舌根，在任何一点上都没有间断，用到舌头的发音在器官上（和音响上）显然形成连续的一系列，一个位置紧接着一个位置，没有明显的界限。但是每种语言，按着它的辅音系统的特性，只选择有限的一些清楚分开的位置，把过渡位置和两极端的位置丢开了。一种语言往往在固定所需要的位置时有若干伸缩性。英语的 k 音就是这样，它在 kin（亲属）里的发音就比在 cool（凉）里

① 理论上，两唇也可以这样发音。不过。在自然的语言里，“唇颤音”一定是很少的。

② 这个位置叫做“喉位（faucal）”，是不普通的。

的发音向前得多。我们在心理上忽视这个区别,认为是不重要的,机械性的,另一种语言满可以承认有这种区别,或稍微大一点的区别,认为是有意义的,正像 kin 的 k 和 tin(锡)的 t 在位置上的区别一样。

知道了语音是怎样产生的,把它们按发音器官来分类就是简单的事了。只要适当地回答了下面四个主要问题,任何语音都可以归到正当的地方去:发这个音时声带位置如何?气流是只通过口腔的,还是也流到鼻子里的?气流是自由地通过口腔的,还是在某一点上受到了阻碍的,要是受到了阻碍,又是怎么受到的?口腔里的确定发音点是什么[①]?这个四重分类法如果扩展到照顾一切细节[②],所有的或差不多所有的语音就有了交代[③]。

仅仅像上面那样,简单地说明一种语言如何从几乎无穷无尽的语音里选出某些特定的语音来使用,还不能说已经把这种语言的语音习惯详尽地规定下来了。还留下一个重要的问题,就是这些语音成分的动力问题。从理论上说,两种语言可以建筑在完全相同的辅音和元音系统上,却产生出绝不相同的音响效果。某一种语言可能不承认语音成分在长短上,即"音量"上的显著分别,另一种可能极仔细地注意到这种分别(大概在大多数语言里长元音和短元音有分别,在不少语言里,如意大利语、瑞典语或窝季布华

① 必须记住"发音点"包括元音的舌位和唇位。

② 第四点里包含我们没有能够特别提到的若干特殊的共鸣调节。

③ 必须加上一句,只要这些语音是呼气的,或者说,发音时气流是往出走的。某些语言,如南非的霍登托脱语(Hottentot)和布须曼语(Bushman),还有一些吸气音,在不同的口腔接触点上吸气发音。这些就是所谓"咂音"(clicks)。

语[Ojibwa]里，长辅音和短辅音也认为有分别)。某一种语言，如英语，可以对音势非常敏感，而另一种，如法语，则以为音势是很次要的。再说，语言实践上总免不了有声调高低。这在一种语言里可以不影响词义，像在英语里那样随便，至多只是修辞现象，在别的语言里可不然，像在瑞典语、立陶宛语、汉语、泰语和大多数非洲语里，声调可以分得较细致，并且认为是词本身的组成特征。除此以外，构成音节的不同方法也引起可注意的音响差别。而最重要的也许是语音成分组合上的很不相同的可能性。每一种语言在这方面都有它的特点，例如英语和德语都有 ts 这组合，但是英语里只能在词尾出现(如 hats“帽子的复数”)，而德语里能自由出现，心理上把它当做一个单音(如 Zeit“时间”，Katze“猫”)。有些语言能让辅音集成堆，或元音合成群(二合元音)，有些语言两个辅音或元音从不连着用。一个语音也往往只用在一个特定的位置，或一种特定的语音情况之下，如英语 azure(天青)的 z 音不能在词首出现，sting(螫)的 t 的特殊性质有赖于前面的 s。总起来说，这些动力因素对适当地了解一种语言的语音本性是和语音系统本身一样重要的，甚或更为重要。

上面我们已经偶然见到，语音成分，或者像长短、音势之类的动力现象，有不同的心理“价值”。英语 hats 的 ts，只不过是一个 t 后面跟着一个功能上独立的 s，而德语 Zeit 的 ts 则具有完整的价值，就好比英语 tide(潮)的 t。再说，英语 time(时间)的 t 和 sting 的 t 实在可以觉察到是不一样的，但是在说英语的人的意识上这是不相干的，它没有“价值”。如果比较一下海达语(Haida，夏洛脱王妃群岛上说的印第安语)，我们会发现正是这发音差别就有真正的价值。Sting(二)这个词的 t 和英语 sting 的 t 发音全然一样,而 sta(从)的 t 明显地是“送气”的,像 time 的 t。就是说,同一客观分别,英语以为不相干的,在海达语就有功能上的价值。从这种语言的心理观点来看,sting 的 t 不同于 sta 的 t,正像从英语的观点来看,time 的 t 不同于 divine(神圣)的 d。再追查一下,就发现了有趣的事,在海达人听来,英语 sting 的 t 和 divine 的 d 二者之间的差别是不相干的,就像在天真的说英语的人听来,sting 的 t 和 time 的 t 二者之间的差别是不相干的。所以,客观地比较两种或两种以上不同语言的语音,是没有心理或历史意义的,除非先给这些语音“估估分量”,除非先确定它们的语音“价值”。而这些价值是从音在实际言语里的一般用法和功能上流露出来的。

这样讨论语音价值,导致一种重要的看法。在一种语言特具的纯粹客观的、须要经过艰苦的语音分析才能得出的语音系统背后,还有一个更有限制的、“内部的”或“理想的”系统。它也许同样地不会叫天真的说话人意识到是一个系统,不过它远比第一个系统容易叫人意识到是一个完成的格局、一个心理机构。内部的语音系统虽然会被机械的、不相干的现象掩盖起来,却是语言生命里一个真正的、非常重要的原则。甚至在它的语音内容久已改变了之后,它还能作为一个格局坚持下去,包括语音成分的数目、关系和作用。两种在历史上有关的语言或方言,可能没有任何共同的语音,但是它们的理想的语音系统却可以是同格局的。我一点也不想暗示这格局是不能改变的。它可以伸缩或改变它的功能的面貌,但是它变得远不如语音本身那样快。所以,一种语言通过它的语音的理想系统和基层的语音格局(也可以说是符号原子的系统)来表现它的特性,就像它通过自己的语法结构来表现一样。语音结构和概念结构都显示出语言对形式的本能感觉①。

① 语言的理想语音系统,即语音格局,这看法,在语言学家中没有得到应有的了解。在这方面,一个没有受过训练的语言记录者,假如他的耳朵灵,并且天生地对语言敏感,往往比一个烦琐的语言学家处于更有利的地位。语言学家很容易埋没在大量的观察里。我曾经把我教印第安人写他们自己的语言时所取得的经验应用到别的方面,看有没有价值。在本问题上也得到同样有价值的证据。我发现,教一个印第安人区分语音时,如果一种分别不相应于"他的语言格局中的点",就有困难、甚至于不可能,尽管这分别在我们客观的人听来非常明显。但是隐微的、刚刚能听出来的语音分别,只要碰上了"格局中的点",他就能容易地并且自主地在写法上表现出来。看着说奴脱加语的译员书写他自己的语言,我时常有一种奇怪的感觉,好像他是在转写他能听到的作为实际语音洪流的表念(intention)的、理想的语音之流,而从纯客观的角度来看,他又并没有听真。(译按:末了的一段话不好懂,只能从作者的哲学背景来揣摩。四十年前,音位学还没有通行。作者的看法大致就是现在音位学的看法。不过有一点要特别留意,在描写语言学里,音位系统只是客观分析出来的一套传达信息的符号,不问其它。作者着重指出,音位是说话的人自己下意识地感觉到的"精神的"音位要求在实际语音中体现出来。)

第四章　语言里的形式:语法程序[①]

语言形式这问题有两个方面。我们可以讨论一种语言所使用的形式手段,讨论它的“语法程序”,也可以清查一下概念是怎样和形式表达互相搭配的。一种语言的形式格局是怎样的?哪种类型的概念是这些形式格局的内容?问题的这两种提法很不相同。泛泛地说,英语的 unthinkingly(不假思索地)这个词,形式上平行于 reformers(“改造者”的复数)这个词。二者都建筑在一个可以作为独立动词出现的根本成分(think“想”,form“形成”)上。根本成分前面都有另一个成分(un-“不”、re -“再”),表达某种确定的并且相当具体的意义,但不能独立使用;后面都跟着两个成分(-ing 表示动作的进行时,-ly 表示副词性;-er 表示动作者,-s 表示名词复数),给根本概念的使用加上一层关系上的限制。(b)+A+(c)+(d)[②]这个形式格局是这种语言的一个特征,它可以表达无数功能。换句话说,用这样的前附加成分和后附加成分来传达的一切可能的观念,虽然有归为小类的趋势,但并不一定形成自然的功能系统。例如,为什么-s 的数目功能和-ly 所表达的

① “语法程序”原文作“grammatical processes”,有时译成语法作用,可是在本书里行不通。这里,process 和 function 是对立的 process 只是形式,function 是功能(或作用)。——译者

② 这些符号见第二章。

观念能在形式表达上互相类比，是没有逻辑上的道理可讲的。完全可以想象，另一种语言可能用全然不同的格局来对待“怎样”这概念(-ly)和复数这概念。“怎样”这概念可能必须用一个独立的词来表达(如 thus unthinking“这样不假思索”)，而-s 这概念用一个前附加成分来表达(如，复-reform -er)[①]。当然还有无数其它的可能。只在英语的范围内就可以说明形式和功能是相对地独立的。比如，un-所传达的否定观念可以同样恰当地用一个后附加成分来表达，像 thoughtlessly(不动脑筋地)这样一个词里的-less。某些语言里，否定功能的这种双重形式表达是不能想象的，比如在爱斯基摩语里就只能用后附加。再说，reformers 的-s 所表达的复数意思，在 geese(“鹅”的复数)一词里同样确定地表达出来了，可是用的方法却完全不同。更进一步说，元音变换这个原则(goose“鹅”的单数－geese“鹅”的复数)也不限于表达复数观念，它也可以用来指出时间的不同(如 sing“唱”的现在时—sang“唱”的过去时，throw“扔”的现在时—threw“扔”的过去时)。但是在英语里，过去时的表达又绝不是永远和元音变换牵连在一起的。在绝大多数情况下，这个观念是用一个特定的后附加成分来表达的(die-d“死”过去时，work-ed“工作”过去时)。从功能上说，died 和 sang 一样，reformers 和 geese 一样。从形式上说，就必须把这些词作另外的安排。Die-d 和 re-form-er-s 都用后附加语法成分的方法，而 sang 和 geese 之所以具有语法形式，都是因为它们的元音不同于跟它们在形式上和意义上密切相关的词的元音(geese 之于

① “复”这里是一个符号，代表任何指出复数的前附加成分。

goose;sang 之于 sing,sung"唱"的完成时)。

每种语言都用一种或多种形式的方法来指出一个次要概念和根本成分所表达的主要概念之间的关系。这些语法程序之中,有的用得非常普遍,如后附加;其它的,如元音变换,比较不普遍,但也绝不罕见;再其它的,如重音和辅音变换,作为功能程序,就有点像是例外的了。并不是所有语言都像英语那样不规则地把功能指派给它所具备的语法程序。复数、时间这样的基本概念,一般只由这一种或那一种方法来表达,但是这个"一般"往往有很多例外,所以把它规定下来作为一个原则总是不妥当的。不论看到哪里,我们都会觉察到,格局是一回事,格局的使用又是一回事。再从英语以外的语言里举几个同功能而不同表达的例子,会使得形式和功能相对地独立这看法显得更鲜明。

希伯来语,和其它塞姆语言一样,动词这观念本身是用三个特殊的辅音来表达的,不常用两个或四个。例如,sh-m-r 这一组所表达的观念是"看守",g-n-b 这一组表达"偷窃",n-t-n 表达"给予"。这一串串的辅音自然是从实在出现的形式里抽象出来的。这些辅音按着所要表达的观念而用不同的元音连接起来。前附加和后附加成分也时常用到。使用内部元音变换方法的例子也有,如 shamar(他已经看守过),shomer(正在看守),shamur(被看守),shmor(看守的不定式)。以此类推可得 ganab(他已经偷过),goneb(正在偷),ganub(被偷),gnob(偷的不定式)。然而不定式并不都是按照 shmor 和 gnob 这个格式,或按照其它元音变换的格式形成的。有些动词后面附加一个 t-成分,变成不定式,如 ten-eth(给),heyo-th(是)。还有,代词的观念可以用独立的词表达

(如 anoki“我”),可以用前附加成分(如 e-shmor“我将看守”),也可以用后附加成分(如 shamar-ti“我已经看守过”)。加拿大不列颠哥伦比亚的一种印第安语,纳斯语(Nass),它的复数用四种不同的方法形成。绝大部分的名词(和动词)用重复式,就是把根本成分的一部分重复一次,例如 gyat(人),gyiyat(复数)。第二种方法是使用某些特别的前附加成分,如 an'on(手),ka-an'on(复数),wai(一个人划桨),lu-wai(几个人划桨)。还有些复数式用内部元音变换形成,如 gwula(外衣),gwila(复数)。最后,第四种方法,是名词后面附加一个语法成分,如 waky(兄弟),wakykw(复数)。

这样的例子可以多得叫人头昏脑胀,从此不能不得出如下的结论:语言形式可以,也应当只当做种种格局的布置来研究,而不必涉及连带着的功能。所有语言都有一种奇怪的本能,要发展一种或几种特殊的语法程序而挤掉别的,同时往往会忘了这程序起初有过明确的功能价值,现在好像只是在玩弄它的表现手法;所以更有理由为我们所采取的手续辩护。我们可以证明英语的 goose—geese,foul(污秽)—defile(玷污),sing—sang—sung 在历史上是不同的程序。sing 和 sang 的元音变换,作为一种特殊的语法程序,要比表面上跟它平行的 goose 和 geese 的元音变换早几个世纪。这都无关紧要。无论如何,当 geese 这一类的形式出现的时候,英语有(或早已有)一种内在的趋势把元音变换作为有意义的语法手段。要不是早有像 sing—sang—sung 这类型的元音变换做先例,很难说促使 tooth(牙齿),goose 演变到 teeth(复数),geese 的特殊条件,会有足够的威力让说英语的人的感情能贯彻下去，以至接受这些新型的复数形式，认为心理上是可能的。这种对形式本身的情感，一方面能沿着预定的路线自由扩展，一方面可以因为不具有约制性的格局布置而大受抑制，这是应该清楚地了解的，而我们似乎没有了解到。需要把许多不同类型的语言通盘观察一下，然后对这个问题能有适当的透视。我们在前一章里已经看到，每一种语言都有一个具有特定格局的内部语音系统，现在又看到，在语法结构的层次上，语言也要求有一定的格局。这两种趋向于一定形式的、潜在而约制性很强的冲动，都自由自在地起着作用，不管表达特殊概念的要求，也不管赋予一类特殊概念以一致形式的要求。不用说，这两种冲动只能在具体的功能表达里才能实现。人先要说点什么，才谈得上要怎么说它。

现在让我们比较有系统地讨论一下语言研究上已经确实知道的几种不同的语法程序，尽管只能简短地谈一谈。它们可以分为六种主要类型：㈠词序，㈡复合，㈢附加，包括前附加、后附加和中附加，㈣涉及元音或辅音的根本成分或语法成分的内部变化，㈤重叠，㈥重音分别，动力（音势）上的或是声调（音高）上的。还有些特别的音量上的程序，如元音的加长或缩短和辅音的重叠，不过这些都可以看做是内部变换的亚型。可能还有其它的形式类型存在，但在一般性的论述里大概不会是重要的。需要记住，一种语言现象，除非它具有内在的功能价值，就不能算做特定的“程序”。例如，英语 book-s（书-复数，s 作 s 音）和 bag-s（口袋—复数，s 作 z 音）的辅音改变就没有功能上的意义。它纯粹是一种外部的，机械的改变，由于前者前面有一个无声响的辅音 k，后者前面有一个有声响的辅音 g。

这种机械的改变客观上是和名词 house（房屋），动词 to house（住）的改变一样的[①]。不过这后一种改变具有重要的语法功能，它把名词变成了动词。所以这两种改变属于完全不同的心理范畴。只有后者才真正是作为语法程序的辅音改变的例子。

㊀ 最简单的，至少是最经济的，表达某种语法观念的方法，是把两个或更多个词排成一定的次序，联结起来，而绝不改变这些词本身。随便举两个简单的英语词，比如说 sing praise（"唱""颂扬"）。在英语里这并不传递完整的思想，也没有清楚地建立起"唱"和"颂扬"这两个观念之间的关系。不过，看到或者听到了这两个词凑在一起而不勉强给它们某种连贯的意义，心理上是不可能的。这种尝试不大会得到完全满意的结果，不过重要的是：只要两个或更多的根本概念紧接着出现在人心里，人总要设法用某种关系把它们结合在一起。拿 sing praise 来说，不同的人大概会得到不同的临时性结果。潜在着种种可能的安排法，其中有几种可以用通常的、叫人满意的形式表达出来：sing praise（to him）！（歌颂"他"！）[②]，或是 singing praise（用唱来表达的颂扬），或是 to sing and praise（唱又颂扬），或是 one who sings a song of praise（唱颂歌的人）[参照英语复合词 killjoy（kill 的意思是杀，joy 是快乐，killjoy 指杀风景的人）]，或是 he siags a song of praise（to him）（他"对他"唱一个颂歌）。理论上有无数可能把这两个概念揉成一个有意义的概念群，甚至完整的思想。在英语里没有一个大致合

① 名词 house 的 s 作 s 音，动词 to house 的 s 作 z 音。——译者

② 这是命令式，praise 指基督教颂赞歌的语句。——译者

用，但是在许多语言里，这一种或那一种的解释是习惯用的。一串词的内在功能是什么，完全要靠一种语言的本性来决定。

有些语言，比如拉丁语，把几乎所有的关系都用词本身的改变来表达。在这些语言里，词的次序往往只是修辞的原则，而不是严格的语法原则。不管我用拉丁语说 hominem femina videt（hominem“男人的受格”，femina“女人的主格”，videt“看见”），或是说：femina hominem videt，或是 hominem videt femina，或是 videt femina hominem，都很少有或全没有分别，除了可能是修辞上或风格上的不同。每一个句子的意思都是“女人看见男人”。契奴克语（Chinook），哥伦比亚河流域的印第安语，也同样地自由，因为动词和两个名词之间的关系是内在地规定的，和拉丁语一样。这两种语言的差别在于拉丁语的名词彼此建立关系，又跟动词建立关系，而契奴克语把形式完全让动词来负担，这个动词的全部内容大致可用 she-him-sees［她（主格）-他（受格）-看见］来表示。去了拉丁语表达名词的格的后附加成分（-a 和-em）和契奴克语的代名词性的前附加成分（she-him-），我们就再不能不讲究词序了，就不能不节用我们的资源了。换句话说，词序就具有了真正的功能价值。拉丁语和契奴克语处在一个极端；汉语、泰语、越南语这样的语言则处在另一个极端，一个词除非落在指定的地位就不能恰当地表达功能。不过大多数语言处在这两个极端中间。以英语为例，我说 yesterday the man saw the dog（昨天这人看过这狗），或是说 the man saw the dog yesterday（这人看过这狗昨天），语法上没有多大区别；可是说 yesterday the man saw the dog（昨天这人看过这狗）和说 yesterday the dog saw the man（昨天这狗看过这

人),说 he is here(他在这里)和说 is he here?(他在这里吗?),就绝不是可以随便的了。在“人看见狗”和“狗看见人”这两个例子里,主语和谓语这样的严重分别完全决定于句子里某些词的位置;在最后两个例子里,次序的小小不同引起了陈述句和疑问句的大不同。不用说,在这些方面,英语的词序原则和拉丁语表示名词的格的后附加成分或疑问虚字,同样是有力的表达方法。这不是功能贫乏的问题,而是形式经济的问题。

㈢ 上文已经偶尔接触到复合程序,就是把两个或更多的根本成分合成一个词。心理上,这程序和词序近似,因为各个成分之间的关系都是暗含着说出来的,不是明说的。复合法和把词安排成句子的分别在于我们觉得复合了的成分只是单个词体的部分了。像汉语和英语,严格的词序原则是很发达的,也往往倾向于发展复合词。汉语里像“人德”这样的词序,只差一步就过渡到更习惯的、心理上更统一的安排,如“天子”、“水夫”。我们满可以干脆地把“水夫”写成一个单词。这个复合整体的意义和组成它的成分的词源价值并不一致,就像英语 typewriter(打字机)的意义和 type(印记),writer(写字者)加起来的价值并不一致。英语 typewriter 这个词的统一性由于第一音节上有强的重音,并能在整个词后面加 -s表达复数,而更有保证。汉语也用音势来统一复合成分。所以,虽然复合程序的起源可以追溯到句子里的典型词序,可是现在它主要是一种表达关系的特殊方法了。法语的词序和英语一样严格,但是远没有像英语那样的把词合成更复杂的单位的能力。反而言之,古典希腊语尽管在词的位置上有相对的自由,却在很大程度上倾向于造复合词。

看来很奇怪，各种语言使用复合程序的能力会相差得那么远。从一般原则设想，组成 typewriter，blackbird（黑鸟，指八哥）等等一大堆词的简单手法该是几乎所有语言的语法程序了。其实并不这样。有许多种语言，如爱斯基摩语、奴脱加语、塞姆语（只有一些微不足道的例外），就不能把根本成分复合起来。更奇怪的是它们之中有很多语言一点也不反对造复杂的词。正相反，它们的综合程度远远超过希腊语和梵语所能达到的最高限度。例如，奴脱加语"那时，据他们说，他已经不在家四天了"这样一个词，我们总会想它至少包括三个根本成分，相应于"不在家"、"四"、"天"这三个概念。事实上，奴脱加词是绝不能作我们所说的复合的。它总是由一个根本成分和或多或少的后附加成分构成的，其中有些具有和根本成分同样的具体意义。在上面的例子里，根本成分传递"四"的观念。"天"和"不在家"的意思是用后附加成分表达的，它们不能脱离根本核心，就像英语 singer（歌手）和 hunter（猎人）的-er不能离开 sing（唱）和 hunt（打猎）。所以说，综合造词的倾向和复合根本成分的倾向并不是一回事，虽然后者时常是综合倾向可以使用的现成手法。

复合法的类型是五花八门的。这些类型在功能上、复合成分的性质上和次序上都有所不同。在许多语言里，复合只限于一种可以叫做限制性的功能，也就是说，两个或更多的复合成分中的一个，由于其它成分的存在而有了更准确地规定了的意义，而其它成分绝不影响句子的形式结构。例如，英语 redcoat（红衣服，指英国兵）里的 red（红）和 overlook（俯视）里的 over（在上面）这样的复合进去的成分，只用来限定 coat（衣服）和 look（看）这两个主领成分的意义，而本身绝不参加句子所表达的陈述作用。但是有些语言,像易洛魁语(Iroquois)和纳华脱尔语(Nahuatl)①,叫复合法担任比这重得多的工作。在易洛魁语里,一个名词(根本形式)和后面一个动词复合起来是一种典型方法,用来表达名词的格的关系,特别是主格和宾格。例如,“我-肉-吃”这个词是表达“我正在吃肉”这句话的正常的易洛魁方法。别的语言里,类似的形式可以表达处格、具格或其它关系。英语的 killjoy(杀风景的人)和 marplot(好破坏计划的人)这样的形式,也是一个动词和一个名词的复合,可是合成的词有严格的名词功能,没有动词功能。我们不能说 he(他)marplots。有些语言能把所有或差不多所有各类的成分复合起来。例如,派乌德语可以复合名词和名词、形容词和名词、动词和名词来造成名词,复合名词和动词造成动词,也可以复合副词和动词、动词和动词。加利福尼亚的印第安语,雅纳语(Yana),能随便复合名词和名词、动词和名词,但是不能复合动词和动词。另一方面,易洛魁语只能复合名词和动词,从不像英语那样复合名词和名词,也不像许多别的语言那样复合动词和动词。最后,每一种语言在复合成分的次序上都有它的特殊的类型。英语的修饰性成分总是在前面,某些别的语言里则在后面。有时在同一种语言里两种类型都用,例如雅纳语的“牛肉”是“苦-鹿肉”,而“鹿肝”却是“肝-鹿”。和动词复合起来的宾语,在派乌德语、纳华脱尔语和易洛魁语里放在动词成分前面,在雅纳语、沁贤语(Tsimshian)②和阿尔贡巾(Algonkin)语支的语言里则放在后面。

① 阿兹忒克人(Aztecs)的语言,现在还通行于墨西哥的一些地区。

② 不列颠哥伦比亚的一种印第安语言,和上面提到过的纳斯语关系很近。

㈢ 附加法是所有语法程序里最常使用的，别的程序不能跟它比拟。有的语言，如汉语和泰语，不用本身没有独立价值、不能作为根本成分的成分来起语法作用，但是这样的语言是不普通的。附加法的三种类型（前附加、后附加、中附加）之中，以后附加为最常用。要说它在语言的造形方面所起的作用比其它方法合起来还要大，大概错不了。有一点值得注意，使用附加法的语言有不少绝对不用前附加，但是后附加手法很复杂，如土耳其语、霍登托脱语、爱斯基摩语、奴脱加语和雅纳语。它们之中的一些，如所举的后三种，有几百种后附加成分，其中有不少意义很具体，在绝大多数别的语言里是要用根本成分来表达的。相反地，只用前附加而绝不用后附加的语言要少见得多。高棉语（Khmer）（或柬埔寨语）是个很好的例子，但是即使在这里也还能隐然看到古老的后附加成分的遗迹，已经失去作用，只能让人觉得是根本成分的一部分了。

我们所知道的语言，同时使用前附加和后附加的占相当多数，但是二者的相对重要性在各种语言里相差很大。有些语言，如拉丁语和俄语，只用后附加成分来联系一个词和句子的其它部分，前附加成分只用来表达限制根本成分的具体意义的观念，而不影响根本成分在命题里的地位。拉丁语形式 remittebantur（他们那时正在被送回去）可以作为这类型的成分配合的例子。前附加成分 re-（回去）只是在某种程度上形容根本成分 mitt-（送）的内在意义，而-eba-，-nt-，-ur 这些后附加成分表达了时间、人称、复数、被动态这些比较不具体的、更严格地形式性的意思。

有些语言，像非洲的班图（Bantu）语系和北美洲的阿萨巴斯干

(Athabaskan)语支[1]，却正相反，有语法意义的成分放在前面，而根本成分后面的成分倒成了比较可以省略的一类。例如，呼帕语te-s-e-ya-te(我要去)这个词是由一个根本成分-ya-(去)、三个主要的前附加成分和一个形式上次要的后附加成分构成的。te-成分指明这个动作是在某地点或某区域内进行的，实际上，除了某些动词词干习惯上要联上它之外，没有别的明确意义。第二个前附加成分-s-更不容易确定，我们能说的只是：它用在“一定”时间的动词形式里，标志着动作正在进行而不是刚刚开始或就要结束。第三个前附加成分-e-是代词性质成分“我”，只能用在“一定”时制。须要留意，只有在使用-s-或别的能代替-s-的前附加的条件下，才能使用-e-；还有，te-实际上也是和-s-连锁着的。te-s-e-ya这一组是一个牢固地交织起来的语法单位。后附加-te指明将来时，在词的形式平衡上它并不比拉丁词里的前附加re-更为必要；它不是一个能独立的成分，但是它的功能实质上是限定性的，而不是严格地形式性的[2]。

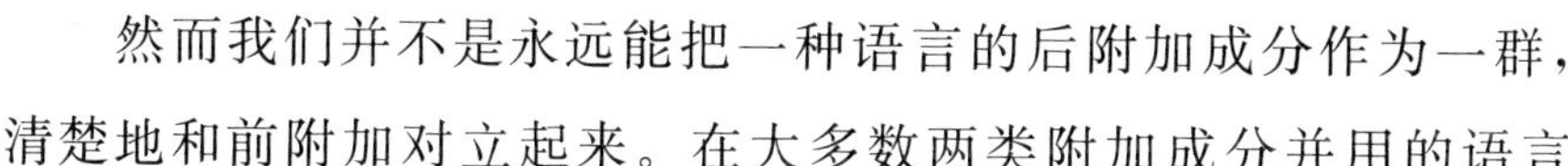

然而我们并不是永远能把一种语言的后附加成分作为一群，清楚地和前附加对立起来。在大多数两类附加成分并用的语言

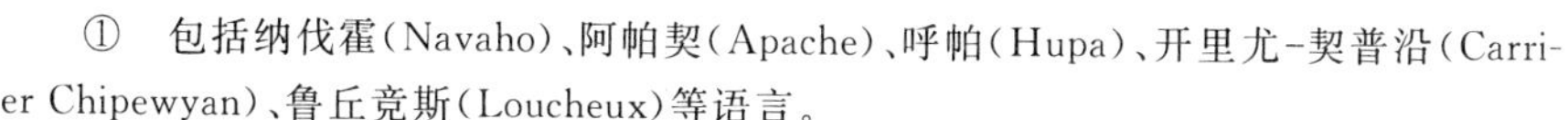

[1] 包括纳伐霍(Navaho)、阿帕契(Apache)、呼帕(Hupa)、开里尤-契普沿(Carrier Chipewyan)、鲁丘竟斯(Loucheux)等语言。

[2] 这对英语读者来说好像有点奇怪。我们总以为时间，作为一种功能，该是用纯粹形式性的法子来表达的。这是拉丁语法传给我们的偏见。实际上，英语的将来时(I shall go“我将要去”)根本不用附加法来表达；它甚至可以用现在时来表达，如to-morrow I leave this place(明天我离开这个地方)，这里时间功能是暗含在独立的副词里的。呼帕语的-te对于中心词是不相干的，正像to-morrow在语法“感觉”上对于I leave(我离开)是不相干的，只是程度上差一点而已。

里，大概每一类都有限制性的和形式性的（或关系性的）功能。我们最多只能说：一种语言趋向于只使用一种方式（前附加或后附加）来表达类似的功能。假如一个动词使用后附加来表达某种时制，那么很可能它的其它时制也用类似的方式表达出来，以至其它动词也会有后附加的时制成分。同样，假如代词性质的成分是包含在动词里的，我们通常希望看到它永远加在前面，或永远加在后面。但是这些规则远不是绝对的。我们已经看到，希伯来语有时把代词性质的成分放在前面，有时放在后面。契马里科语（Chimariko），加利福尼亚的一种印第安语，代词性质的附加成分的地位取决于动词的性质，它们加在某些动词的前面，另一些动词的后面。

不必再多举前附加和后附加的例子了。每样再举一个就足以说明它们在构形上的可能性。英语 I came to give it to her（我曾经来过把它给她）这个句子所表达的观念，在契奴克语里作 i-n-i-a-l-u-d-am①。这是一个完全统一的词，第一个 a 上带明确的重音。它有一个根本成分-d-（给），六个语音上微弱然而功能上分明的前附加成分，和一个后附加成分。前附加成分之中，i-指不久的过去时；n-指代词性质的主语“我”；-i-指代词性的宾语“它”②；-a-指第二个代词性质的宾语“她”；-l-是一个前置词性质的成分，指它前面的代词性质的前附加成分是一个间接宾语（“-她-给”，也就是“给她”）；-u-是一个不容易恰当地解释的成分，大体上指离开说话

① 唯希拉姆（Wishram）方言。

② 实在是“他”。契奴克语，犹如拉丁语或法语，有语法上的性别。一件东西可以是“他”、“她”或“它”，要看代表这件东西的名词的形式是怎样的。

者的运动。后附加成分-am 在地域意义上改变动词性的内容，它在根本成分所传递的意思上增加“到达”或“为一定目的而去（或来）”的意思。契奴克语，正如乎帕语，语法机构的大部分显然是放在前附加上，不放在后附加上的。

相反的例子就是像拉丁语一样把有语法意义的成分聚在词的末尾的佛克斯语（Fox），密西西比河流域阿尔贡巾语支里最著名的几种语言中的一种。可以举 eh-kiwi-n-a-m-oht-ati-wa-ch(i)［然后他们一起使（他）从他们那里不住脚的逃走］这形式。这里，根本成分是 kiwi-，一个动词词干，指“无定向地这儿那儿乱动”这一般意思。前附加成分 eh-至多不过是个副词性质的成分，指时间上的附属性，为方便起见可以译成“然后”。这个非常错综的词所包含的七个后附加成分里，-n-好像只是一个有音无义的成分，用来联系动词词干和后面跟着的-a-①；-a-是一个“次要词干”②，指“逃走”这观念；-m-指针对有生命的东西的动因③；-o(ht)-指为主语而作出的活动（即希腊语所谓“中间”或“中间–被动”态）；-(a)ti-是一个相互成分，“彼此”；-wa-ch(i)是所谓“连词”形式的第三人称有生命复数（-wa-，复数；-chi，进一步明确这个复数是人称的）。更拘泥字面来翻译，这个词是“然后他们（有生命的）使某个有生命的东

① 这种分析是可疑的。-n-可能具有一种还不能确定的功能。阿尔贡巾语支的语言非常复杂，还有许多细节问题没有解决。

② “次要词干”从形式的观点来看是后附加成分，不能离开真正的根本成分出现，不过它的功能不论从哪方面看都和根本成分的功能一样具体。次要动词词干是阿尔贡巾语支和雅纳语的特征。

③ 阿尔贡巾语支认为人和东西是有生命的或无生命的，就像拉丁语和德语认为它们是阳性的、阴性的或中性的。

西在逃亡中到处游荡来和他们彼此避开”;即使如此,在语法感情上也只能说是近似的翻译而已。爱斯基摩语、奴脱加语、雅纳语和其它一些语言,也有类似的后附加成分的复杂排列,虽然它们所起的功能作用和它们的组合原则都差得很远。

上文没有谈到那种叫做“中附加”的奇怪的附加类型,留待这里另行列举。英语里绝没有这类型,除非我们把 stand(“站”的现在时)和 stood(“站”的过去时)对举,认为 stand 的-n-是中附加。早期印欧系的语言,如拉丁语、希腊语和梵语,往往用一个中附加的鼻音把某些动词的现在时跟其它形式区分开(试比一下拉丁语的 vinc-o“我征服”和 vic-i“我曾经征服”,希腊语的 lamb-an-o“我拿”和 e-lab-on“我曾经拿”)。但是这种程序还有更特异的例子,其中中附加成分取得了比上面所举的拉丁和希腊例子里的中附加更明确的功能。在许多东南亚和马来群岛的语言里,中附加特别通行。高棉语(柬埔寨语)里就有很好的例子,tmeu(走路的人)和 daneu(“走”的动名词)都是从 deu(走)派生的。再从一种菲律宾语,蓬托克-伊果罗脱语(Bontoc Igorot)举一些例子。中附加成分-in-传递完成了的行为的结果这个观念,例如 kayu 是“木头”,kinayu 是“收集起来的木头”。这种语言的动词也可以随便使用中附加成分,例如中附加-um-是许多带有人称代词性质的后附加成分的不及物动词的特征,sad-是“等待”,sumid-ak 是“我等待”,kineg 是“不做声”,kuminek-ak 是“我不做声”。在别的动词里,中附加指明将来时,如 tengao-是“庆祝假日”,tumengao-ak 是“我将要有假日”。过去时往往用中附加-in-来指明,如果已经有了中附

加-um-,那么这两个成分就合并成-in-m-,如 kinminek-ak 是“我曾经不做声”。显而易见,这种语言和其它有关语言的中附加,是和别的语言的普通前附加和后附加一样活跃的。这种程序也能在一些美洲土著的语言里找到。雅纳语的复数有时是用中附加成分构成的,如 k'uruwi(巫医们),k'uwi(巫医)。契奴克语里,某些动词用中附加-l-来指重复的动作,如 ksik'ludelk(她不断地看他),iksik'lutk(她看了他一眼)(-tk 是根本成分)。修安(Siouan)语支里有一种特别有趣的中附加类型,有些动词在它的根本成分本身之中插入代词性质的成分,如修克斯语的 cheti(生火),chewati(我生火),shuta(失去),shuunta-pi(我们失去)。

㈣ 内部元音或辅音变换是次一等的,但绝不是不重要的语法程序。某些语言里前者已成为指出语法功能基本改变的一种重要方法,如英语的 sing,sang,sung 和 goose,geese。无论如何,这种程序还有足够的活力,能使我们的后辈走前人没有走过的道路。我们都知道年轻人会说 brung,这是从 sung,flung 类推[①]。上文已经看到,元音变换在希伯来语里比在英语里还重要。希伯来语这样,其它的塞姆语自然也是这样。试从阿拉伯语[②]举几个所谓“破碎”复数[③]的例了,来补充我在别处提到过的希伯来语动词形

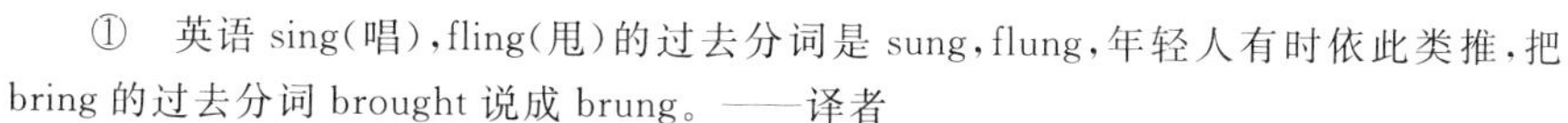

① 英语 sing(唱),fling(甩)的过去分词是 sung,flung,年轻人有时依此类推,把 bring 的过去分词 brought 说成 brung。——译者

② 埃及方言。

③ “破碎”原文是“broken”,指语法不通。——译者

式。balad(地方)这个名词的复数形式是 bilad①,gild(兽皮)的复数是 gulud,ragil(人)的复数是 rigal,shibbak(窗户)的复数是 shababik。北非的汉姆语里也能举出很相似的现象,如希尔语(Shilh)②的 izbil(头发),复数是 izbel;a-slem(鱼),复数是 i-slimen;sn(知道),sen(正知道);rmi(变累),rumni(累了);ttss③(入睡),ttoss(睡着)。索马里语(Somali)④的元音变换类型很像英语的 sing—sang 和希腊语的 leip-o(我离开)—leloip-a(我已经离开),例如 al(我是),il(我曾经是),i-dah-a(我说),i-di(我曾经说),deh(说吧)。

元音变换在一些美洲印第安语里也非常重要。阿萨巴斯根语支的许多动词在改变时制或动态时,变换根本成分里的元音的音质或音量。纳伐霍动词 bi-hi-sh-ja[我把(谷物)放进容器里]的根本成分是-ja;过去时 bi-hi-ja'有一个长 a 元音,后面带"喉塞音"⑤;将来时是 bi-h-de-sh-ji 元音全变了。别的类型的纳伐霍动词里,元音变换走不同的路线,例如 yah-a-ni-ye[你带(一包)到(马棚)里去]的过去时是 yah-i-ni-yin(-yin 里面的 i 是长音,这里的 n 指鼻化),将来时是 yah-a-di-yehl(带长 e)。在另一种印第安语,尧库次语(Yokuts)⑥里,元音变换影响到动词形式和名词形式。例如,buchong(儿子)的复数是 bochang-i(参照宾语形式 buchong-a),

① 这些形式里还有重音和元音音量的变化,为了简明起见,只好从略。

② 摩洛哥的一种柏柏尔(Berber)语。

③ 有些柏柏尔语的辅音组合,我们好像是说不出来的。

④ 东非洲的汉姆语之一。

⑤ 见 49 页。

⑥ 用于加利福尼亚中南部。

enash(祖父)的复数是 inash-a;由动词 engtyim(睡)形成进行时态 ingetym-ad(正睡)和过去时 ingetym-ash。

辅音变换,作为一种功能程序来说,也许远不及元音变换普通,但实在也不少见。英语里有一类有趣的例子,某些名词和相应的动词之间的差别只在最后的辅音是有声响的还是无声响的。例如 wreath(花环)是名词,th 无声响,to wreath(环绕)是动词,th 有声响;house(房屋、名词)和 to house(住宿、动词)的 s,一音 s,一音 z。我们是有用内部变换来区别名词和动词的明确感情的,许多美国人把这个原则扩大到名词 rise(“兴起”,如“民主的兴起”),把它说成和 rice(米)一样,跟动词 to rise(“起来”,s 音 z)区别。

在克尔底(Celtic)语族里,词首的辅音按照这个词和前一个词之间的关系而起好几种变化。例如,在现代爱尔兰语里,bo(公牛)这个词在适当的情况下可以变成 bho(发音如 wo)或 mo[an bo(这公牛),bo 是主语;tir na mo(公牛之乡),mo 是所有格复数]。辅音变换原则所产生的最特别的效果之一,是过去时词首辅音的“送气”。一个动词假如用 t 开头,过去时形式就变成 th(发音如 h);假如用 g 开头,就变成 gh(发音如有声响、带摩擦的[①] g,或如 y,这要看后面的元音的性质)。最早期的爱尔兰语,辅音变换本来是某种语音条件所产生的次要结果,在现代爱尔兰语,这原则已经成为最基本的语法程序之一。

和爱尔兰语的这些现象同样受人注意的也许是福尔语(Ful),苏丹的一种非洲语的辅音变换。这里,我们发现凡是属于人称类

① 见 49-51 页。

的名词，在变成复数时，都把词头字母 g，j，d，b，k，ch，p 分别变成 y（或 w），y，r，w，h，s，f. 例如 jim-o（同伴），yim-'be（复数），pio-o（打击的人），fio-'be（复数）。真够奇怪的，属于物类的名词在形成复数时，所用的方式恰恰相反，例如 yola-re（草地），jola-je（复数），fitan-du（灵魂），pital-i（复数）。可以再举一种使用这样的程序的语言，奴脱加语的许多动词的后附加成分 t 或 tl[①]，在指重复动作的形式里，要变成 hl，例如 hita-'ato（掉出来），hita-'ahl（不停地掉出来），mat-achisht-utl（向水上飞去），mat-achis-ht-ohl（不停地向水上飞去）。此外，某些成分的 hl 在复数里变成一种特别的 h 音，如 yak-ohl（苦脸的人），yak-oh（复数）。

㈤ 重叠，或者说根本成分的全部或一部分的重复，它的流行是最自然不过的。这种不说自明的象征性的语法程序，一般用来指如下的概念：分散，复数，重复，惯常的行为，体积的延展，增加了的强度，持续性。这在英语里也不是没有，虽然一般不认为是这种语言的典型结构方法之一。像 goody-goody（好吃好吃）和 topooh-pooh（呸呸）这样的词，已经被认为是我们正常词汇的一部分，不过有时候重叠法的使用要比这种已经定型的例子更为自由。像 a big big man（一个大大人），Let it cool till it's thick thick（让它凉得稠稠的）这样的说法，实际上要比语言学课本叫我们设想的普遍得多，特别是在妇女和小孩的话里。另有一种词为数极大，其中许多是象声的或心理色彩上带轻蔑意味的，它们的重叠由双声叠韵构成，例如 sing-song（声音一起一落，单调），riff-raff（流氓，渣

① 这些符号都是单音的权宜写法。

滓），wishy-washy（软不叽的），harum-scarum（轻率的），roly-poly（矮矮胖胖的人）。这种类型的词几乎是各地普遍的，如俄语的Chudo Yudo（怪物）、汉语的ping-pang（乒乓，雨打屋顶的声音）[①]、藏语的kyang-kyong（懒）、满洲语的porpon-parpan（烂眼圈的）。这些例子不论在形式上或是心理上都奇怪地叫人回想到我们家乡话的词。但是，我们还是不能说重叠程序在英语里有明显的语法意义。我们必须到别的语言里去找例子。霍登托脱语的go-go（“仔细地看”，来自go“看”）、索马里语的fen-fen（“满处啃”，来自fen“啃”）、契奴克语的iwi iwi（“四围仔细看，检查”，来自iwi“出现”）、沁贤语的am'am（“几个好的”，来自am“好”），这些例子都没有脱出重叠程序的天然的和基本的含义的范围。埃维语（Ewe）[②]里，重叠具有更抽象的功能，它的动词不定式和动词性的形容词都是由动词重叠造成的，例如yi（去），yiyi（“去”的不定式，“去”的动作），wo（做），wowo[③]（做完了的），mawomawo（“不做”，重叠动词词干，也重叠否定虚字）。造成役使关系的重叠是霍登托脱语的特征，如gamgam[④]（“使告诉”，来自gam“告诉”）。这种程序也可以用来叫名词派生动词，如霍登托脱语的khoe-khoe（“说霍登托脱话”，来自khoe-b“霍登托脱人”），或如夸丘脱尔语（kwa-kiutl）的metmat（“吃蛤蜊”，根本成分是met-“蛤蜊”）。

重叠程序里最特别的例子是只重复根本成分的一部分。按以

① 英语的ping-pong从此。

② 几内亚海岸的一种非洲语言。

③ 动词性的形容词里，第二音节和第一音节的声调不同。

④ 省略了词首的“咂音”（见53页注③）。

下的标准分类,可以有许许多多部分重叠的形式类型:是重叠了根本成分的一个还是几个辅音;是保存了,是削弱了,还是换掉了根本成分的元音;是影响到根本成分的头部、中部、还是尾部。它的语法功能发展到甚至比单纯重叠更复杂,虽然基本的意念几乎总是“重复”或是“延续”,至少原本总是这样。世界各地都能找到这种基本功能的例证。重叠首部的有希尔语的 ggen(“正在睡”,来自 gen“睡”);福尔语的 pepeu-’do(经常说谎的人),复数是 fefeu-’-be(来自 fewa“说谎”);蓬托克-伊果罗脱语的 anak(一个小孩),ananak(孩子们),kamu-ek(我急忙),kakamu-ek(我更急忙);沁贤语的 gyad(个人),gyigyad(复数);纳斯语的 gyibayuk(飞),gyigyibayuk(正在飞的人)。心理上可以相比,但是重叠落在尾部的,有索马里语的 ur(身体),复数是 urar;豪萨语(Hausa)[1]的 suna(名字),复数是 sunana-ki;瓦朔语(Washo)[2]的 gusu(野牛),复数是 gususu;塔克尔马语(Takelma)[3]的 himi-d-(向…说),himim-d-(老是向…说)。在许多语言里,根本成分的部分重叠承担着和“增加”这观念全不相干的功能,甚至比单纯重叠更普遍。最熟悉的例子也许是古印欧语的首部重叠,用来造成许多动词的完成时(如梵语的 dadarsha“我已经看见了”、希腊语的 leloipa“我已经离开了”、拉丁语的 tetigi“我已经接触到了”、哥特语的 lelot“我已经让了”)。在奴脱加语,根本成分的重叠时常和某些后附加成分连用,如 hluch-(女人)造成 hluhluch-’ituhl(梦见一个女人),hlu-

① 一种苏丹语。——译者

② 内华达(Nevada)的一种印第安语。

③ 俄勒冈(Oregon)的一种印第安语。

hluch-k'ok（像一个女人）。心理上和希腊、拉丁语的例子类似的，有塔克尔马语的许多动词。它们有两种形式的词干，一种用在现在时和过去时；一种用在将来时，也用在某些动态和动词的派生词，第一种形式有尾部重叠而第二种没有，如 al-yebeb-i'n（“我给他看”或“我曾经给他看”），al-yeb-in（我将要给他看）。

㊅ 现在我们要说到所有语法程序里最微妙的一种，重音的改变（不论是音势上的还是音高上的）。要把重音孤立起来当做一种功能程序，主要的困难在于它时常和元音的音质或音量的改变连在一起，或者因为有附加成分存在而复杂化，以至它的语法价值像是次要的而非主要的特征。例如，希腊语的真正动词形式的特点是：在重音的一般规则容许的范围内，尽量把重音往前放，而名词的重音位置就随便得多。所以动词 eluthemen（我们被释放了）的重音在第二音节上，而派生的分词 lutheis 的重音在末一音节上，重音的位置有显著的分别。只是前者有特殊的动词性成分 e-，men，后者有名词性成分-s，叫重音改变的内在价值模糊了。这种价值在如下成对的英语里显得最干净利落：to refund（“偿还”，动词）和 a refund（“偿还”，名词），to extract（“抽取”，动词）和 an extract（抽取出来的东西，精华），to come down（下来）和 a come down（“下跌，丢脸”，名词），to lack luster（“没有光泽”，动词）和 lack-luster eyes（没有光泽的眼睛），其中名词和动词完全是由音势区别的[①]。阿萨巴斯根语支也有不少有意义的重音改变，例如纳伐霍语的 ta-di-gis（“你自己洗”，

① 名词、形容词重音在前，动词在后。——译者

重音在第二音节)，ta-di-gis(“他自己洗”，重音在第一音节)①。

音高可以和音势同样有功能作用，也许更常是这样。但是，音高的变化在一种语言的语音上势不可少，并不一定是音高在功能上(更好地说在语法上)的运用。例如汉语的风(平调)和奉(降调)，古典希腊语的 lab-on(“已经拿了”，后附加分词-on 上有一个简单的或高的声调)和 gunaik-on(“女人的”，在指明格的后附加-on 上有一个复杂的或下降的声调)。这样的例子里，音高只不过是根本成分或附加成分所固有的，就像任何元音或辅音一样。另一种情况就不同了，如汉语“中间”的“中”(平调)和“命中”的“中”(降调)，买(升调)和卖(降调)，背(降调)和揹(平调)。这种类型的例子汉语里也不怎么常见，所以不能说现代汉语有一定的感情，把声调差别作为区别名词和动词的符号。

但是，有些语言，这种声调上的差别在语法上是有最根本的重要性的。在苏丹语里特别普遍。例如，埃维语的 subo(伺候)可以造成两种重叠形式。一是不定语气 subosubo(伺候)，它的前两个音节是低调，后两个音节是高调；一是形容词性的 subosubo(伺候人的)，所有的音节都是高调。尼罗河发源地的希鲁克语(Shilluk)提供的例子更为突出。名词复数和单数的声调时常不同，如 yit(“耳朵”，高调)，yit(复数，低调)。单用声调就可以区别出代词的三种形式：e(他)是高声调，主格；-e(他，如 a chwol-e“他叫他”)是低声调，宾格；-e(他的，如 wod-e“他的房子”)是中声调，所有格。从动词性的成分 gwed-(写)可以造出 gwed-o(他写)，低调；

① 这种改变可能基本上是声调性的。

被动式 gwet（被写了），降调；命令语气 gwet（写！），升调；动名词 gwet（写），中调。美洲土著的语言里，音高也作为一种语法程序出现。阿拉斯加南岸的印第安人所说的脱令基脱语（Tlingit），就是音高语言的一个好例子。这种语言的许多动词因时制而改变根本成分的声调；hun（卖）siu（藏）tin（看）以及许多别的根本成分，用低调指过去时，用高调指将来时。另一种类型的功能可以用塔克尔马语的形式为例，hel（歌），降调；hel（唱！命令语气），上升曲折调。和这两个形式平行的有 sel（黑油彩），降调；sel（上油彩），升调。总而言之，音高重音，正像音势和元音、辅音的变换一样，它用作语法程序，比我们自己的言语习惯叫我们相信的为多。

第五章　语言里的形式：语法概念

我们已经知道一个单词表达一个单一概念或是一个心理上联合成统一体的概念组合。也已经从严格的形式观点出发，简略地叙述了一切已知语言用哪几种主要程序让次要概念对基本概念(体现在不可分析的词或词的根本成分里的)起限制性的或定形性的影响。这一章里，我们要略进一步来观察语言结构反映出来的系统化了的概念世界。

让我们从一个包含种种不同概念的简单句子开始——the farmer kills the duckling(这农民宰这小鸭子)。粗率的分析就能揭露，这里有三个不同的基本概念用几种方法互相联系起来。这三个概念是：farmer(“农民”，话里的主题)，kill(“宰”，指明句子要我们知道的动作的性质)和 duckling(“小鸭子”，话里的另一个主题，他在动作里占重要地位，但是有些被动)。我们能在想象中看见农民和小鸭子，也不难造成“宰”这动作的印象。换句话说，“农民”、“宰”和“小鸭子”这些成分都指明一个具体平面上的概念。

然而，较仔细的语言分析马上会让我们看到，尽管我们容易想象话里的两个主题，它们可不是像我们所感觉到的那样，被直接地、毫无周折地表达出来的。从某种意义上看，一个 farmer(农民)是一个完全统一的概念，从另一种意义上看，它又是 one who farms(一个种地的人)。根本成分 farm-所传递的概念绝不是有关人的身份的,而是有关某种生产动作的(to farm,“种地”);而这动作的概念本身又是以另一个有关某类东西(farm,“农场”)的概念为基础的。同样,duckling(小鸭子)这概念和这个词的根本成分duck(鸭子)所表达的概念像是隔了一层。这个根本成分能作独立的词出现,指整个一类动物,不论大的还是小的,而 duckling 只限于指这类动物的幼雏。Farmer 这个词有一个“从事者”后附加成分-er,它的功能是指从事某种动作的人,这里是指从事耕种的人。它把动词 to farm(种地)变成从事者名词 farmer(农民),正像把 to sing(唱),to paint(画),to teach(教)这些动词变成相应的从事者名词 singer(歌唱家),painter(画家),teacher(教师)。-ling 这个成分用得不这么广泛,但是它的意义是明显的。它给基本概念加上“小”的意思(如 gosling“小鹅”,fledgeling“小鸟”),或是跟这有点连带关系的“可以被轻视”的意思(如 weakling“弱者”,princeling“小王子”,hireling“雇佣”)。从事者成分-er 和示小成分-ling 都传递相当具体的观念(大致和 doer“做事的人”,little“小”这两个词差不多),不过它们的具体性并没有被注重。它们与其说是指定明确的概念的,不如说是做概念中间的媒介的。Farmer 的-er 并没有干脆说 one who(farms)[(种地)的人],它不过指出,所谓 farmer 的人和庄稼活儿有足够密切的关系,以至习惯地被认为是永远从事这种活动的。事实上,他可以进城去做种地以外的任何事情,可是他的语言标志仍旧是 farmer。语言在这里暴露了自己有点无能为力;或者不妨说,它有一种别扭的倾向,故意不理会直接交给它的任务,宁可信托想象和习惯来填补一个具体概念(to

farm)和另一个“派生”概念(farmer)之间的思想过渡和使用上的细节。任何语言似乎都不可能把每一个具体观念都用一个独立的词或根本成分表达出来。经验的具体性是无穷的,而最丰富的语言的资源也是有严格限制的。所以不得不把无数的概念归到某些基本概念项下,而用别的具体或半具体的观念来作功能媒介。这些媒介成分——可以是独立的词、附加成分或根本成分的变体——所表达的观念可以叫做“派生性的”或“形容性的”。有的具体概念,如 kill,是用根本方式表达出来的;另外的,如 farmer 和 duckling,是用派生方式表达出来的。和这两种表达方式相应的是两种类型的概念和两种类型的语言成分,根本的(farm,kill,duck)和派生的(-er,-ling)。一个词(或统一的词群)假若包括一个派生成分(或词),根本成分(farm-,duck-)的具体概念会从意识中隐退,而让位给一个新的具体概念(farmer,duckling);后者在表达上是综合的,在思想上并不然。我们讨论的这个句子里并不真正包含 farm 为 duck 的概念,它们只是从形式上看,潜伏在语言表达里。

再回头看一看这个句子,我们会觉得这样分析 farmer 和 duckling,对于了解句子的内容实际上是不相干的;要感觉到句子的结构是一个整体,这种分析更是完全不相干的。从句子的观点看,派生成分-er 和-ling 只不过是被当做表达单位的 farmer 和 duckling 里的局部安排细节。句子本身对于词的分析的某些地方并不介意,这可以这样来证明:假如用根本词 man(人)和 chick(小鸡)来代替 farmer 和 duckling,句子当然获得了新的素材内容,但是丝毫没有得到新的结构模型。我们可以更进一步,用另外一种动作代替 killing“宰”这个动作,比如说 taking(拿)。新句子 the man takes the chick(这人拿这小鸡)和原来的句子所传递的完全不同了,可是怎样来传递它,并无分别。一点也用不着做有意识的分析,我们本能地觉得这两个句子正符合同一个格局,它们是同一个基本句子,分别只在于素材上的装点。换句话说,它们用同一方式表达了同一的关系概念。这方式是三方面的——在相同的位置使用一个本身是关系性的词(the"这");句子里的具体成分有相同的次序(主语;谓语,包括动词和宾语);在动词上同样使用后附加成分-s。

改变这三个特点中的任何一个,句子就会在纯粹关系方面(不是在素材方面)发生轻微的或是严重的变化。假如省去了 the(farmer kills duckling,man takes chick),句子就变成不可能的,它归不进任何公认的形式格局里去。这句话的两个主题好像是悬空而残缺的,我们觉得其中任何一个都没有跟说话的人和听话的人心里存在的东西建立起关系来。把一个 the 放到这两个名词前边,我们就觉得轻快了,我们就知道句子里说的农民和小鸭子就是我们不久前谈到过、听到过或者想到过的农民和小鸭子。要是我碰见一个人,他并没有瞧着这农民,对这农民一无所知,跟他这么一说,他大概会瞧着我发愣。The farmer(哪个农民呀?)kills the duckling(没听说过谁有小鸭子呀!)。要是这件事足够有趣,值得谈一谈,我就不得不说"a farmer up my way(我那儿的一个农民)","a duckling of his(他的一个小鸭子)"。the 和 a 这两个小词有重要的功能,建立起确定的或不确定的指称。

如果省去了头一个 the,又去掉了后附加的-s,就得到一套全新的关系。Farmer,kill the duckling(农民,宰这小鸭子)暗指着

我不只是谈到这个农民，并且正对他说话；他不是真地在宰小鸭子，是我在命令他做。原句的主格关系变成了呼格关系；动作是从命令而不是从陈述的角度来设想的。我们因此断定，要是只想谈到这农民，小小的 the 必得搁回去，-s 也一定不能挪掉。-s 这个成分清楚地确定(或者说帮助确定)一个陈述句，和命令句对立。此外，如果要谈到几个农民，就不能说 the farmers kills the duckling，而必须说 the farmers kill the duckling。显而易见，-s 含有主语是单数这个观念。如果名词是单数的，动词必须有一个形式跟它相应；如果名词是复数的，动词就有另一个相应的形式①。再把 the farmer kills 跟 I kill(我宰)，you kill(你宰)比较一下，还可以看出-s 不指说话的人和听话的人，而指另外一个人。我们因此断定：-s 不仅指单数这观念，还指人称关系。再把 the farmer kills the duckling 跟 the farmer killed tbe duckling(这农民宰了这小鸭子)这样一个句子对比，又可以看出这个负担已经过重的-s 还清楚地指现在时。“陈述”这概念和人称概念大可以看做本身就是关系性的概念。数这概念，说英语的人都觉得它显然包含着一种必要的关系，否则就没有必要在名词上和动词上两次表达它。时间，我们也清楚地觉得是一种关系性的概念，要不然我们就应该能说 the farmer killed-s 来和 the farmer kill-s 对应。后附加成分-s 里交织着四种难以分解的概念，我们觉得都是关系性的，其中两种肯定是这样的。真正的关系概念和那种只被觉得是，只被当做是关系概念，而本身不必是的，这二者之间的差别下文还要进一步讨

① -s 在名词里指复数，在动词里指单数，这当然是出于“偶然”。

论。

最后，还能把句子成分的次序改变一下，彻底打乱它的关系格局。把 farmer 和 kills 的位置互换一下，句子成了 kills the farmer the duckling，它可以非常自然地解释为一个不平常的，但并非不能懂的发问方式，相当于 does the farmer kill the duckling?（这农民宰这小鸭子吗？）这新句子里，"宰"这动作不当做一定在发生的事设想，它可能正在发生，也可能不。句子的含义是说话的人想要知道事情的真相，希望听话的人能告诉他。疑问句有完全不同于陈述句的"语气"，包含着说话的人对他的同伴的另一种关系。要是我们把 farmer 和 duckling 掉换一下，在施受关系上就发生了更突出的改变。The duckling kills the farmer（这小鸭子宰这农民）包含着和原句相同的主题，相同的动作，不过两个主题的身份颠倒过来了。小鸭子变了（像谚语里所说的虫子那样）[①]；用语法术语来说，原来的"主语"现在成了"宾语"，原来的"宾语"现在成了"主语"。

下面的表把这句子从它所表达的概念和表达概念时所使用的语法程序两方面加以分析。

Ⅰ具体概念：

1. 话里的第一主题：farmer

2. 话里的第二主题：duckling

3. 动作：kill

① 英国谚语 Even a worm will turn（就是一条虫子也会变），意思是：最软弱的人，长久受压迫也会反抗。——译者

——分析成：

A. 根本概念：

1. 动词：(to)farm

2. 名词：duck

3. 动词：kill

B. 派生概念：

1. 从事的：用后附加成分-er 表达

2. 示小的：用后附加成分-ling 表达

II 关系概念：

指称：

1. 对第一主题的确定指称：用第一个 the 表达，位置在主题的前面

2. 对第二主题的确定指称：用第二个 the 表达，位置在主题的前面

语气：

3. 陈述：用"主语"和动词的次序表达，并在后附加-s 中暗示出来

施受关系：

4. farmer 的主语性质：用 farmer 的位置在 kills 前面来表达，又用后附加-s

5. duckling 的宾语性质：用 duckling 的位置在 kills 后面来表达

数：

6. 第一主题的单数：用 farmer 不带复数后附加成分、后面的

动词带后附加-s 来表达

7. 第二主题的单数:用 duckling 不带复数后附加成分来表达

时间:

8. 现在时:用动词不带过去时后附加成分和后附加-s 来表达

在这只有五个词的短句里,表达出十三个不同的概念,其中三个是根本的和具体的,两个是派生的,八个是关系性的。这次分析的最明显的结果,也许就是它叫我们再一次认识到英语的功能和形式出奇地不互相一致。后附加的方法用在派生成分上,也用在关系性成分上;独立的词或根本成分都表达具体观念(东西、动作、品质),也表达关系性的观念(冠词,如 the 和 a,确定名词的格关系的词,如 of,to,for,with,by,确定地位关系的词,如 in,on,at);同一个关系性概念可以不止一次地表达出来(如 farmer 的单数在名词里消极地表达出来,又在动词里积极地表达出来);一个成分可以表达一群交织起来的概念,而不只是一个特定的概念(如 kills 的-s 包含了不下于四种逻辑上独立的关系)。

我们的分析好像有点矫揉造作了,这是因为我们太习惯于落套的表达方式,以为是非此不可的。只有用分析把习惯破坏了,才能逐渐了解基本上不同的表达方式。一个人只要学会觉察他自己的语言结构里哪些东西是偶然的、不合逻辑的或不平衡的,他就不难同情地把握外国语的各种不同类的概念表达方式。并不是所有的“外国玩意儿”都是根本不合逻辑的、牵强附会的。一放宽眼界,往往会发现习惯的东西正是奇怪的例外的东西。从纯粹逻辑的观点看,我们的句子所表达的概念为什么这样遴选,这样处理,这样组合,而不是另外一个样子,显然是讲不出内在的道理来的。句子是由历史的势力和盲目的心理势力产生的，并不是明确地掌握了一个个的成分，然后把它们逻辑地综合起来。所有的语言多少总不免是这样的。无意识地分析出一个个概念来，语言里自然总不能完全没有，尽管是让更没有理性的因素弄得复杂化了，或是掩盖住了。我们发现，在许多语言的形式里，这种分析反映得比在英语形式里更有条理些，更为内部一致些。

试把离我们近一点或远一点的语言粗枝大叶地查考一下，立刻就能看出，上文的句子里包含的十三个概念可能全部或一部分用不同的形式表达出来，它们的分类也可以是不同的；某几个概念可以不用，而别的概念，照英语的习惯说法是不值得表达的，却可能非表达不可，否则一个命题就无从了解。让我们先看一看这个英语句子所表达的概念是怎样用不同的手法来处理的。和这个英语句子相当的德语句子是 Der Bauer tötet das Entelein，其中英语 the 所表达的确定指称必得和三个别的概念牵连起来——数（der 和 das 都明说是单数）、格（der 是主格；das 是主格或宾格，这里只能是宾格）和性别（一种英语里不明说的关系性概念，der 是阳性的，das 是中性的）。其实，这个德语句子里的格、性、数的表达主要是由指称虚字来负担的，而不是由表达具体概念的词（Bauer，Entelein）负担的，虽然逻辑上这些关系性的概念应该附着于具体概念。在具体概念方面，又应该注意，德语把“宰”这个观念分裂成基本概念 tot（死）和派生概念“使做某事或使成为某物”（用元音变换，töt-）。德语 töt-et（“弄死”，分析起来是 tot-＋元音变换＋et）在形式上大致相当于英语的 dead-en-s（死-使-第三身单数），虽然

英语习惯上不用 deadens[①]。

再往远一点走，我们可以看一看雅纳语的表达手法。照字面翻译，雅纳语说这句话有点像 kill-s he farmer[②]he to duck-ling。其中的 he（他）勉强翻译一个总的第三身人称代词（他、她、它或他们）；to 也只能勉强翻译一个宾语性的虚词，原来的意思是指跟在后面的名词不是动词的主语。kill-s 的后附加成分相当于英语的后附加成分，只有两点重要的不同：一则它不指明主语的数，二则它指出那句话是真的，说话的人可以保证。这个句子里，数的概念是间接表达出来的，因为动词不带指出主语复数的特定后附加成分，两个名词又没有特定的复数成分。假如这句话是转引别人的，就得用一个完全不同的"时制-语气"后附加成分。指称性的代词 he 本身并不暗示数、性别、格。雅纳语里，性别作为一种关系性范畴，实在是全不存在的。

雅纳句子说明：某些我们认为主要的概念，可以不理会；雅纳句子和德语句子又都说明：某些说英语的人，或者不如说说英语的习惯，认为并不需要的概念，必须表达出来。可以举无数跟英语形式不符的例子，但是我们只能满足于再举有限几个。差不多相当于 the man kills the duckling 的汉语句子"人宰鸭（子）"，照字面翻译是 man kill duck，可是中国人绝不意识到译文会引起的那种

① to cause to be dead 或 to cause to die（弄死）当做"宰"的意思用，是非常普遍的。例如，奴脱加语和修克斯语里都能找到。

② 雅纳人不从事农业，"to farm"这个动词的观念也许要用综合的方式来表达，比如说 to dig-earth（掘-土），to grow-cause（成长-使）。雅纳语里有相应于-er 和-ling 的后附加成分。

幼稚、犹豫、空虚的感觉。这三个具体概念——两样东西和一种动作——都是由一个单音节词(同时也是根本成分)直接表达的;“主语”和“宾语”这两个关系性概念,只由具体词处在动作词的前后来表达。如是而已。指称的确定不确定,数,人称(英语动词是非有不可的),时制,更不用说性别了——这一切在汉语句子里都没有表达出来。尽管如此,这句话还是完全适当的传达,当然假定有上下文,有共同了解的背景,而这些是完全领会任何一种语言都不可少的。这种限制并不削弱我们的论点,因为在英语句子里我们也留下许多意思没有表达出来,或是心照不宣的,或是谈话里已经说清了,或是将要说清。例如,我们所举的英语、德语、雅纳语或汉语的句子里,都没有提到农民、鸭子、说话的人、听话的人的位置关系。在说话的人看来,农民和鸭子都看得见呢,还是其中的一个看不见呢?二者都处在说话人、听话人的视野之内呢,还是处在远远的没有指定的一点呢?换句话说,可以把某些潜在的“指称”观念拙笨地转达出来:是这个农民(我们看不见,但是站在离我不远的门后,而你正坐在远够不到的地方)宰那(属于你的)小鸭子呢?还是那个农民(住在你邻近,我们看得见他在那边)宰那(属于他的)小鸭子呢?这种指称上的铺张我们是不会想到的,但是对夸丘脱尔印第安人却好像是很自然的,实在不可少的。

那么,语言里绝对不可少的,必须表达的,非此语言就不成其为令人满意的交际工具的概念是什么呢?显然,我们首先得有大宗的基本或根本概念,这是语言的具体家当。要说话,必须说到东西、动作、品质,也就必须有和它们相应的符号,独立的词或根本成分。一个命题,不管它的内容多么抽象,都要跟具体感觉世界在某点或某些点上联结起来,否则是人所做不到的。每一个可以了解的命题,至少要表达两个这样的根本概念,虽然在例外的情况下,其中的一个甚至两个都可以从上下文体会到。其次,一些关系性的概念必须表达出来,把根本概念拴在一起,构成一个确定的、基本的命题形式。在这基本形式里,具体概念之间的关系是什么性质,必须确定。我们必须知道哪一个具体概念是直接或间接联系哪一个具体概念的,并且是怎样联系的。假如我们要谈一件东西和一种动作,我们得知道它们是平等地联起来的(如:"他喜欢酒和赌博"),还是认为东西是出发点,是动作的"从事者",就是通常所谓"主语",而动作是对这"主语"有所陈述,还是正相反,东西是终点,是动作的"宾语"。如果我想传达一个清楚的观念,包括一个农民、一个小鸭子和"宰"这个动作,不能只把这些具体观念的语言符号乱排一气,信任听者能从各种可能的关系格局中挑出一种来。基本的造句关系必须毫不含糊地表达出来。我可以不谈时、地、数和许多其它可能类型的概念,但是我怎么也躲不开"谁在宰"这个问题。任何已知语言都不能躲开它,或真地躲过了它,正如要说话就免不了使用具体观念的符号。

因此我们再一次回省到,主要的、不可少的关系概念和可以省略的关系概念有分别。前者是普遍表达出来的,后者在有些语言里不大发展,在有些语言里可以堆砌得叫人眼花缭乱。但是,我们为什么不会把这些"可省的"、"次要的"关系概念和我们已经讨论过的那许多种漂浮的派生概念、形容性概念混为一谈呢?尽管上文已经反复陈述,究竟形容性概念,如 unhealthy(不健康的)里的否定概念,和关系概念,如 books

(“书”,复数)里的数概念,有没有基本分别呢?如果说 unhealthy 大致可以转述成 not healthy(不是健康的),那么 books 岂不是同样有理由(突破英语习惯)转述成 several book(几个书)吗?实际上,有些语言里,复数即使表达出来,也是用冷静的、有限的,或者竟可以说是随随便便的心情来对待的,就像我们想到 unhealthy 里的否定性。数的概念,对这样的语言来说,没有任何造句上的意义,它不是主要地被认为是确定一种关系的,而是归入派生概念甚至具体概念类里的。但是在英语、法语、德语、拉丁语、希腊语、干脆说在所有我们最熟习的语言里,复数的观念不仅仅是附加在一个东西的概念上的。它可以包含一点这样的形容性的价值,但是它的势力所及远比这更为广泛。它感染句子里的许多别的东西,把别的概念,甚至和数没有可以理解的关系的概念,模铸成跟自己所附着的基本概念起所谓相应作用或“一致”作用的形式。英语说 a man falls(“一个人跌倒”,单数),men fall(复数);这并不是因为动作的性质起了内在的变化,也不是因为 men 内在包含的复数观念,就观念本身而论,一定得跟这些人的动作联系起来。我们在这些句子里所做的,也就是大多数语言惯于在不同程度上,用千百种不同方法做的——在基本上不同类型的概念之间,在具体概念和抽象关系概念之间,大胆地架起一座桥梁来,使后者感染上前者的色彩和光泽,是强用了兴比手法使实体概念为纯粹的关系概念服务,或者和它纠缠在一起。

让我们再谈一下性别,事情就更清楚了。The white woman that comes(来的那个白女人),the white men that come

（来的那些白男人），从这两个英语短语里我们不会想到性别也像数一样，会提高到次要的关系概念的地位。把阳性和阴性这样粗俗物质的、从哲学上说只是偶然的概念，当做联系品质和人、人和动作的手法，好像有点牵强；再说，要是我们没有读过古典文学，也不大会想到，数和性别的观念会联同着注入 the（这）和 that（那）所表达的那种稀薄的关系概念里去，而一点也不叫人觉得荒谬。正是这种情况出现在拉丁语里，并且还不止这样。Illa alba femina quae venit 和 illi albi homines qui veniunt，按一个个概念来翻译等于：那/—/阴性的/从事者[①]//—/阴性的/白的/从事者//阴性的/从事的/—/女人//那（关系代词）/—/阴性的/从事者//别的[②]/—/现在/来//；那/几/阳性的/从事者//几/阳性的/白的/从事者//阳性的/从事的/几/男人//那（关系代词）/几/阳性的/从事者//别的/几/现在/来。每一个词至少包括四个概念：一个根本概念[真正具体的，如：白的、男人、女人、来；或是指称性的，如：那、那（关系代词）]和三个选自格、数、性别、人称、时制等范畴的关系概念。从逻辑上说，只有格[③][“女人”或“男人”跟后面动词的关系，“那（关系代词）”跟它所承接的词的关系，“那”、“白的”跟“女人”或“男人”的关系，以及“那（关系代词）”跟“来”的关系]必须表达出来；而且也只有在跟直接影响到的概念有联系的时候才必须如

① 是“从事者”，不是“受事”。这里只能用一个笨重的标志来表示“主格”，和“宾格”对比。

② 就是说：不是你，也不是我。

③ “格”在这里不仅指宾主关系，也指属性关系。

此(例如:没有必要说明白色是从事的白色,或从事者的白色)[①]。其它关系性概念是寄生的(所有性别概念;指称词、形容词、关系词和动词里的数),要不就是和句子的主要造句形式不相干的(名词的数;人称;时制)。一个聪明而敏感的中国人,习惯于彻骨地使用语言形式的,很可以说这拉丁句子是"何等学究式地闹玄虚!"当他第一次面对欧洲语的不合逻辑的复杂性时,一定会感觉到,把说话的素材跟形式格局这样大量地混成杂拌儿,或者更正确地说,把某些基本上是具体的概念转用为虚薄的关系概念,这种态度实在叫人难受。

我有点夸大了这些次要的,不如说非造句性质的关系概念的具体性,为的是叫基本事实显得更突出。不用说,一个法国人说 un arbre(一棵阳性的树)或 une pomme(一个阴性的苹果)时,他脑子里并没有明确的性别观念。同样地,当我们说 he comes[②](他来)时,也并没有清楚地意识到现在时,拿它来和一切过去时、一切将来时对比,不管语法学家怎么说。这是显而易见的,

① 除了拉丁语里是用这种不自然的、绕弯子的方法来建立颜色对某物或某人的从属性的。说实在的,在拉丁语里不能直接说一个人是白的,只能说白的东西等于人(而他是这样那样的,这样那样从事的,或这样那样受事的)。原来说 illa alba femina 时所感到的只是:那/—//这/白的/—//(即)这/女人,三个凑合起来的名词性观念,表达等同的意思。英语和汉语用词序直接表达从属性。在拉丁语,illa 和 alba 几乎可以占句子里任何位置。要留意:illa 和 alba 的主格形式并不真正确定这两个形容性的概念和 femina 的关系。这种关系可以通过从属格的形式来表达,如用所有格 Woman of whiteness(女人,属于白色之类的)。在藏语里,词序和真止的格关系两种方法都用:"女人白"(就是"白女人"),或"白-的女人"(就是"属于白类的女人")。(译按:末句不知何所指。)

② 当然不算上下文可能给这个句子加上的生动而迫切的意思。

试看我可以用现在时指明将来时(He comes tomorrow“他明天来”)或指明不论时间的一般行动(Whenever he comes,I am glad to see him“不论他什么时候来,我都愿意看到他”,这里的comes与其说是指现在发生的事,还不如说是指过去的或将来可能发生的事)。在这些法语和英语的例子里,性别和时间的重要观念,由于形式类推和向关系范畴扩展,而被冲淡了。表面上所指的概念已经界线模糊,以至我们选用这种或那种形式只是拘于习惯的威力,而不真是需要具体的表达。如果这种冲淡作用继续下去,最后我们手头也许只剩下一个形式的系统,生命的色彩已经消失了,只是由于惰性而存留下来,重复着彼此的次要的、造句的功能,没完没了地浪费。其结果之一就是:许多语言里,动词的复杂变位系统徒有形式,不伴随着可以清楚指配的功能差别。例如,在最早的文献以前,一定有过一个时期,drove、sank[①]所代表的时制结构和英语里现在通行的过去时结构(killed、worked),意义上多少有点不同,很像我们现在还认为这两个类型都和完成时(has driven,has killed)价值不同,而将来会有一个时期不再这么想了[②]。那么,形式比它的概念内容要活得长。二者都在不停地改变,但是总的说来,形式留恋不舍的时候,精神已经跑掉了或变样了。不合理的形式,为形式而形式——不管我们怎样称呼这种一有形式差别就抓住不放的趋势——在语言的生命上自然会有,就像风俗习惯的失去原有意义而苟存下去。

① drove、sank是由元音变换形成的过去时,现在时是drive、sink。——译者

② 这种情况在通俗的法语和德语里已经大致出现了。过去时和完成时的区别只是风格上的而非功能上的。过去时比完成时更文雅一点,庄严一点。

还有一种有力的趋势也使形式的繁复不能严格相应于清楚的概念差别。这就是要构造分类格局，把语言所用的概念全都塞进去的趋势。一打定了主意，认为一切东西不是好定了的，就是坏定了的，不是黑定了的，就是白定了的，就很难改变态度，承认某些东西可能是又好又坏的（或者说，无所谓的）、又黑又白的（或者说，灰的），也更难认识到好坏、黑白这些范畴可能根本用不上。语言里的分类在许多方面的不讲理，顽固，正像这样的头脑，它必须有它的完全彼此排斥的鸽子窝，不容许有流荡的鸟儿。任何概念要想表达出来，都必须服从这种游戏的分类规则，正像在有的统计表里，最坚定的无神论者也被贴上天主教徒、基督教徒或犹太教徒的标签，要不就没人理睬他。我们是认定了英语要把一切动作想成是属于三种标准时的。所以，如果我们要说一个命题昨天是真实的，明天也是真实的，就得假装现在这一刻能够向前向后伸延，以至包括永恒①。法语里，一个东西永远是阳性的或是阴性的，不管它有没有生命，就像在许多美洲和东亚的语言里，先要把东西归入一定的形状范畴（如环形的、球形的、细长的、圆柱形的、片状的、像砂糖那样一堆的），否则不能计数（如两球土豆、三张地毯），甚至于先要这样，才能说它“是怎样的”或“怎样被对待的”（例如，在阿萨巴斯根语支和雅纳语里，“带”或者“扔”一个石子和“带”或者“扔”一块木头是两回事，语言上的差别就像做这两样事的时候肌肉经验上的差别）。这样的例子要多少有多少。好像从前有过一个时候，这个种族曾经在

① 所以说，“4 的平方根是 2”，完全像“我的叔叔现在是在这里”。有许多“原始”语言倒更有哲学味，能区别真正的“现在”时和“习惯”时制或“一般”时制。

下意识心理上给经验开了一个草率的清单,现在死守着这不成熟的分类法,不许修改,让继承语言的人背上了一种他们再也不相信、可是又无力推翻的科学。传统所硬性规定的教条,僵化为形式主义。语言的范畴变成一个遗留下来的教条系统——无意识的系统①。当做概念看,它们往往只是半真半假的;它们的生命逐渐枯萎,成了为形式而形式。

还有第三个原因会促成这种无意义的形式,或者不如说形式上的无意义的差别。这就是语音作用的机械式地运用,它可以带来现在没有并且从来没有过相应的功能差别的形式差别。我们的名词变格系统和动词变位系统的不规则和一般地形式复杂,大部分出在这种作用。Hat(帽子)的复数是 Hats,self(自己、本身)的复数是 selves。前者用一个真正的 s-音标明复数;后者用一个 z-音,同时根本成分的 f 变成 v。这并不是原来有两种代表相当不同的概念的形式,现在概念混合了(上文谈到的两个平行的形式 drove 和 worked 原先大概是这样的),而只是同一个形式成分的机械性的分化,并不产生相应的新概念。所以这一类的形式发展,虽然在一般语言史上大有意义,在这里可不直接相干,我们要了解的是语法概念的性质和它们的退化成纯粹形式筹码的趋势。

前文已经把语言里表达的概念分为若干类,现在可以适当地修改一下,提出以下的方案:

① 译按:"无意识"原文是"the unconscious"。当时的精神分析论者,有的把"下意识"的范围扩大为"无意识"。参考 Morton Prince,"The Psychology of the Unconscious"。

I 基本(具体)概念(如东西、动作、品质):正常的表达法是用独立的词或根本成分;本身不涉及关系①。

II 派生概念(一般不及 I 具体,比下 III 更具体):正常的表达方法是在根本成分上附加非根本成分,或用根本成分的内部变换;它和 I 类的不同在于它只指明和整个命题不相干的观念,只是给根本成分加上了某种意义,因而和 I 类概念以特种方式发生内在关系②。

III 具体关系概念(更抽象些,但是并非完全没有具体性):正常的表现方法是在根本成分上附加非根本成分,但是非根本成分一般不像在 II 类里那样和根本成分联结得紧凑,或者用根本成分的内部变换;它和 II 类基本上不同,它指出或暗含着某种关系,是超出它所直接依附的词以外的,因而过渡到下一类。

IV 纯关系概念(完全抽象):正常的表达方法是在根本成分上附加非根本成分(在这种情况下,这些概念常和 III 类概念交织在一起),或者用根本成分的内部变换,或者用独立的词,或者用词序;它的功能是联系命题里的具体概念,给命

① 当然,要确定一个概念,把它和另一个概念对立起来,基本的选择和对比是必需的。"男人"、"白"和"女人"、"黑"之间有内在的关系。但这只是概念内容方面的关系,在语法上没有直接意义。

② 例如 rarmer 的-er 的定义可以是:指出某个实体概念(东西),这个概念是它所依附的某个动词的习惯上的主语。这种"主语"关系(a farmer farms"干庄稼活儿的人干庄稼活儿")是 farmer 这个词所内含的,是它所独有的,不是为了整个句子而存在的。同样,duckling 的-ling 也只指出和它所依附的根本成分有关的属性关系,和句子无关。

题以一定的造句形式。

这四类概念的性质，就其具体性或表达造句关系的能力来说，可以这样标志出来：

物质内容 { I 基本概念 / II 派生概念 }

关　　系 { III 具体关系概念 / IV 纯关系概念 }

这些提案绝不能当做偶像来崇拜。实际做分析工作的时候，时常出现困难的问题，叫我们疑惑某一组概念该怎样归类才好，这种情况特别容易发生在不熟习的语言里，这时我们可能对句子里的词的分析很有把握，可是对句子的结构不能得到那种内在的"感觉"，叫人毫不犹豫地说出这是"物质内容"，那是"关系"。第 I 类概念是一切言语所必需的，第 IV 类也是这样。第 II 类和第 III 类都常用，但不是必需的；特别是第 III 类，实际上代表着 II 类和 IV 类，或 I 类和 IV 类在心理上和形式上的混杂，是可以不用的一类概念。从逻辑上看，I 和 II 之间有一条不能逾越的鸿沟，可是言语的不合逻辑的性质和兴比的性质却矫情地在鸿沟上架起了桥梁，树立起一整串概念和形式，暗暗地从最实在的实体东西（"房子"或"张三"）引申到最微妙的关系。特别有意思的是：不能分析的独立的词一般属于 I 类和 IV 类，属于 II、III 类的不多见。一个用单词来代表的具体概念有可能完全丧失它的实体意义，直接过渡到关系的范围里去，而同时并不丧失作为一个词的独立性。例如，在汉语和柬埔寨语里就发现把动词"给"抽象地使用，只当做"间接宾格"关系的符号（如汉语"我们给所有有孩子

的人编了这个故事”)①。

在I和II、I和III之间自然也有些过渡的例子;II和III之间也有,不过更是非根本性的。第一种过渡有一整类的例子,一个独立的词先是在复合词里用作次要的或形容性的成分,终于变成一个纯粹派生的附加成分,但是还能叫人想起它原有的独立性。Teaspoonfull(一满匙)的full就是这样的一个成分和概念;从心理上说,它徘徊于独立的根本概念(参照full“满”)或复合词里的次要成分(参照brim-full“满到边的”)和单纯的、已经感觉不到原来的具体性的附加成分(参照dutiful“充满责任感的”)之间。一般说来,语言类型越是综合性的,I类和II类的区分就越困难,甚至是武断的。

具体性的逐渐消失不仅发生在I类到IV类的过渡上,在语言概念的各个基本类型本身范围之内,也可以感觉到真实性的逐渐减退。所以在许多语言里不得不有各种次一级的分类,比如说,在II类里把较具体的概念和较抽象的概念分开。可是我们要留意,不要在II类的比较抽象的部分比附上那种我们只有在某些更抽象的III类概念中才不能不体会到的纯粹形式的、关系的感情,除非有清楚的证据保证我们可以这样比附。举一两个例子就能说明这种最重要的区别②。奴脱加语有很多派生的附加成分(表达II类概念)。

① 原文引柬语,译改汉语,意义相同。——译者

② 正是由于不能领略一个语法成分所表达的概念的“价值”和“色彩”,而只看到浮面的意义,许多学者才误解了完全陌生的语言的性质。并不是所有称为“时制”、“语气”、“数”、“性别”、“人称”的东西,都是实在可以和拉丁语或法语里这些名称所意味着的东西相比的。

其中有些内容上相当具体（如“在房子里”、“梦见”）；别的，像指复数的成分和示小成分，内容上就抽象得多。前者比后者更和根本成分结合得紧，后者只有当一个结构具有完整的词的价值时，才能附加在后面。所以，如果我想说 the small fires in the house（“屋子里的小火”，复数），可以只用一个词。先要构成 fire -in-the -house（屋子里的火）这个词，然后再附加上相当于英语 small（小），复数，the（这）的成分。相当于 the 的、表达确定指称的成分，出现在词的末了。这么说倒还很顺当。Fire-in-the-houes-the[①] 相当于英语的 the house-fire（家火），这可以理解。但是，相当于 the small fires in the house 的奴脱加话，也真地是英语 the house-firelets[②] 的对等物吗？一点也不。首先，奴脱加语的复数成分是加在示小成分前面的，fire-in-the-house -复数-小-the 相当于 the house -fires-let。这就立刻显出一件重要的事：在奴脱加语里，复数这概念不像在英语里那样深地叫人觉得是抽象性的、关系性的。译成 the house -fire -several-let 更恰当些，但是 several（几个）用得嫌太笨重，-let 太精微（small 又是太笨重）。实在说，我们没法把这奴脱加词的内在感情翻译过来，它似乎徘徊于 the house -firelets 和 the house -fire -several-small 二者之间。但是，最叫英语 house -firelets 和-s 和奴脱加词的-several-small 无法比拟的，还是奴脱加语里无论复数或是示小附加成分都不相应于或者牵连到句子里的任何其它东西。英语说 the house-

① 丹麦语、瑞典语和许多别的语言都有后附加的冠词。相当于 in the house 的奴脱加成分和英语的 house-不同，它是附加在后面的，不能作为独立的词出现，它也和相当于 house 的奴脱加词没有关系。

② 假定英语真有 firelet 这个词。

firelets burn(燃烧),不能用 burns(“燃烧”,第三身单数);奴脱加语的动词、形容词或命题里的任何其它东西,都跟 fire 的复数和小没有一点关系。所以,虽然奴脱加语承认 II 类里有具体概念和较不具体概念的分别,其中较不具体的并不会超越 II 类的范围,不会叫人感到像英语-s 的那种更抽象的气氛。但是读者要反对了:无论如何,奴脱加语的复数附加成分总是和更具体的附加成分不同;并且,奴脱加语的示小成分难道不比英语的-let,-ling,德语的-chen,-lein 具有更细微,更不可捉摸的内容吗①?

像复数这样的概念能有时候跟 II 类里的更具体的概念归在一起吗?的确是可能的。雅纳语的动词第三人称没有单数和复数的形式区别。虽然如此,复数概念还是能够用,并且几乎常是用附加在根本成分后面的成分 -ba- 来表达的。动词 ya-hau-si 的意思是“它在东方燃烧”,相当于 burn-east-s②;ya-ba-hau-si 是“它们在东方燃烧”。注意,复数附加成分紧跟着根本成分 ya-,把它和处格成分 -hau- 分开。不用多说就能明白,这里的复数概念不见得比地位概念“在东方”更不具体。这个雅纳形式在感情上与其说相当于英语的 they burn in the east(拉丁 ardunt oriente),不如说相当于 burn-several-east-s(它复数地在东方燃烧)。这样的表达形式我们是不能适当地吸收进来的,因为缺少必须的形式轨道让它通过。

① 奴脱加语的小称比起英语的-ling 来,无疑更是一个情感成分,一个色彩成分。它不只和名词合用,也可以和动词合用,正说明这一点。对小孩说话时,人们会把句子里的任何词加上小称,不管那个词本身是否有内在的示小的意思。

② -si 是现在时第三人称。-hau-(东方)是个附加成分,不是复合根本成分。

可是我们能不能再进一步把复数范畴当做完全具体的概念来对待呢？比如说，把 books(“书”，复数)改成 plural book(复书)，其中的“复”正像“白书”的“白”，心安理得地属于 I 类。这里讨论的显然不是英语的 many books(许多书)和 several books(几本书)。即使我们能说 many book，several book(就像能说 many a book，each book)，复数概念还是没有突出得足够清楚，这里不能引为论据；many 和 several 沾染上了某些关于“量”和“度”的意思，这在复数观念本身不是必要的。我们必须转向中亚和东亚去找我们所要的表达类型。藏语的 nga-s mi mthong①(“我-被/人/见”，即“我见人”)，mthong② 可以是单数，也可以是复数，如果不值得把复数特别表达出来的话③。但是，如果这事值得表达，我就说 nga-s mi rnams mthong(“我-被/人/多/见”)，rnams 在概念上完全相当于 books 的-s，只是摆脱了一切关系纠葛。rnams 处在名词后边，和别的形容词一样——“人多(不管是两个或一百万个)”正如“人白(白人)”。除非一定要申明，就不必关心人的多，就像不必关心人的白。

复数观念是这样，许多别的概念自然也可以是这样。它们不一定属于说英语的人惯于把它们搁置的地方。它们可以向语言表达的两极 I 和Ⅳ移动。我们可不敢因为奴脱加人和西藏人把我们认为

① 这是古典形式，不是现代口语形式。

② 当是 mi 误。——译者

③ 就像英语说 He has written books[他写过书(复数)]，不计数量(几本，好几本，许多本)。

抽象的、关系的概念看成实质的，就轻视他们；要不就会招来法国人的指责，他能在 femme blanche（白女人）和 homme blanc（白男人）里面体会到关系的微妙，在英语的粗糙的 white woman 和 white man 里面他找不到[①]。但是一个班图黑人，如果他是哲学家的话，会更进一步，甚至觉得奇怪：他很感觉到应该属于 III 类的示小范畴，我们居然放在 II 类里；在他，小称是跟其它一些类别概念[②]一起用来联系主语和宾语，形容语和谓语的，就像俄罗斯人或德国人对待性别一样，要是可能的话甚至还更细致些。

我们的概念表格是一个活动标尺，不是对经验的哲学分析，所以我们不能预先决定某个概念该放在什么地方。换句话说，我们必须放弃秩序井然的范畴分类法。一定要把时制和语气放在这里，把数放在那里，又有什么好处呢？要知道，再接触到的一种语言会把时制降低一级（向 I），把语气和数升高一级（向 IV）。再说，把通常放在 II、III、IV 里面的概念类型开一个清单，对我们这样的概述性工作也没多大好处。可能性太多了。当然，谈谈下面这些事还是有意思的：II 类里哪些是最典型的构成名词的成分和构成动词的成分；名词可以有哪些分类法（按性别，按人称的和非人称的，按有生命的和无生命的，按形状，按通名和专名）；数的概念是怎样发挥的（单数和复数；单数、双数、复数；单数、双数、三数、复数；单一的、列举的、总称的）；动词或名词有哪些时制区别（例如所谓“过去时”可以

① 法语的 blanche 和 blanc（白）有阴阳性之分，英语一律作 white。——译者

② 如人类、兽类、工具类、大形类。

是不定的、直接的、遥远的、神话的、完成的、在先的）；某些语言把“态（aspect）”[①]发展到多么细致的地步（瞬时的、当时的、持续的、开始的、终止的、当时-开始的，不时的，瞬时-不时的、结果的，还有其它的）；哪几种语气（modality）是被承认的（说明的、命令的、可能的、怀疑的、希望的、否定的，还有许多其它的）[②]；哪些人称区别是可能的（例如，以为“我们”是“我”的复数，还是以为“我们”不同于“我”，正如二者都不同于“你”或“他”呢？——这两种态度语言里都有例证；还有，“我们”包括我说话的对象“你”吗？——“包括形式”还是“排除形式”）；方向，就是所谓指称范畴，是怎么个定局呢（“这”和“那”有各种各样的用法）[③]；是否经常用形式来表达说话人的知识的来源和性质（从实际经验得到的、听说的[④]、推想的）；造句关系是怎样在名词里表达出来的（主格和宾格；从事格、

① 这是从斯拉夫语法借来的术语，它指动作的延持，从连续性的观点来看动作的性质。英语的 cry（哭）从“态”来说是不定时的；be crying（正在哭）是当时的；cry out（哭出来）是瞬时的；burst into tears（迸出眼泪来）是开始的；keep crying（不停的哭）是持续的；start in crying（开始哭起来）是当时-开始的；cry now and again（不时的哭）是不时的；cry out every now and then 或 cry in fits and starts（一阵阵地哭出来）是瞬时-不时的。to put on a coat（穿上一件衣服）是瞬时的；to wear a coat（穿着一件衣服）是结果的。从这些例子可以看出，英语里，态是用各种熟习的说法来表达的，不用一套一致的语法形式。许多语言里，态远比时制更具有形式意义，没有经验的学者一不小心就会把它们搞混了。

② 这里所谓“语气”不指直截了当的说法，比如明说不，或明说可疑，而是指用语法形式暗指出来的。例如，有些语言里，动词的否定形式很复杂，正像希腊语的希望（心愿）语气。

③ 参照 81、82 页。

④ 因为有这种经验分类，许多语言在叙述，比如说，远古传说时所用的动词形式和日常谈话所用的不同。我们呢，把这种层次寄托给上下文，或是用更明白、更婉转的说法来表达，例如“我偶然听说他死了”，“人家说他死了”，“看样子他一定是死了”。

工具格和所涉及的人；①各种类型的“所有格”和间接关系），相应地，又是怎样在动词里表达出来的（主动的和被动的；动的和静的；及物的和不及物的；非人称的、反身的、互受的、不确定对象的和许多别的关于运动过程的起点和终点的特殊限制）。虽然这些细节之中有许多对于了解语言的“内在形式”很重要，在一般价值上都比不上我们上文所拟的更为根本性的类别。对一般读者说，能感觉到语言是向着表达形式的两极端——物质内容和关系——拓展的，而这两极端又是用一长串过渡性概念连接起来的，这就够了。

上文我们讨论词和它的各种形式的时候，不得不预先谈到不少有关整个句子的情节。每种语言都有它自己的某种或某些种特殊方法，把词联成更大的单位。这些方法的重要性往往因单词的复杂程度而有所不同。语言的综合性越强，或者说，单词本身越是能清楚地指出自己在句子里的地位，就越不需要在词以外再顾到整个句子。拉丁语的 agit（他行动）不假外求就能确定它在一个命题里的位置。不管我说 agit dominus（主人行动），还是说 sic femina agit（女人这样行动），agit 在造句上给人的感觉总是一样的。它只能是一个动词，一个命题的述

① 英语说 I sleep（我睡觉），I go（我去），也说 I kill him（我杀他）；可是要说 he kills me［他杀我（宾格）］。这个 me 和 I sleep 的 I 在心理上接近的程度至少不下于 I sleep 的 I 和 I kill him 的 I 接近的程度。只是由于形式我们才把 I sleep 的 I 在观念上当做动作的主语。实在说，我睡觉的时候和别人杀我的时候，我同样是处在无能为力的状况之下。许多的语言清楚地区分动的主语和静的主语（“我去”和“我杀他”的“我”不同于“我睡觉”、“我好”、“我被杀”的我），或及物的主语和不及物的主语（“我杀他”的“我”不同于“我睡觉”、“我好”、“我被杀”、“我去”的我）。不及物的主语或静的主语可以和及物动词的宾语相同或不相同。

语,并且只能叫人想到是陈述一种由你和我以外的一个人(或东西)所做的动作。英语的 act(行动)就不这样。Act 是造句上的流浪儿,除非我们先确定它在命题里的地位——they act abominably [他们做(行动)得很恶劣]是一回事,that was a kindly act[那是一种善意的行为(行动)]又是一回事。拉丁语句子由它的各个成员分别负责,而英语的词需要伙伴们来扶持。当然,这是就大体上说的。要说有了足够细致的构词法就可以补偿外部的造句法,那几乎是颠倒是非了。词的各个成分也是特定地联结起来的,按照严格的顺序排列着的。这就差不多等于说:由不止一个根本成分组成的词就是句子或句子的一部分的结晶,像 agit 这样的形式在心理上大致相当于 age is(行动/他)这形式[①]。所以,打破了词和句子的界限,我们倒可以问一问:分析到最后,把词和词、成分和成分联系起来的基本方法到底是什么,用一个词或一个成分作为符号的孤立观念到底是怎样过渡到相应于一次思维的统一命题的?

回答是简单的,并且在前面的话里已经暗含着了。最基本、最有力的联系方法就是次序。我们可以想到一个多少是具体的观念,比如说一种颜色,并且把它的符号记下来,“红”;再想到一个具体观念,比如一个人或一样东西,把它的符号记下来,“狗”;更想到第三个具体观念,比如一种动作,也把它的符号记下来,“跑”。把这三个符号放在一起——红狗跑——就几乎不能不把它们用某种方式联系起来。我的意思当然不是说命题总是由这样的、分析的方式形成的,只是说单是把概念和

① 归根到底,历史上也是这样,age to[行动/那(某)]。

概念、符号和符号凑合起来就会强制我们发生某种关系“感觉”，且不说别的。我们对某些造句性的黏合很敏感，例如品质的修饰关系（红狗）、主和动的关系（狗跑）、动和宾的关系（杀狗）。对别的关系我们就比较不注意，例如条件性的修饰关系[to-day red dog run（今天红狗跑）或 red dog to-day run（红狗今天跑）或 red dog run to-day（红狗跑今天），都是一样的命题或一样的命题雏形][1]。可见，只要词和词、成分和成分排成某种次序，彼此之间就不仅会建立某种关系，并且会在不同程度上互相吸引。大概正是这种不同程度的引力，最终引起成分的稳固团结（一个或几个根本成分加一个或几个语法成分），也就是我们上文当做复杂词来处理的。它们非常可能只是有序列的成分在说话里紧缩在一起，和别的序列或孤立的成分分离开了。当它们有充分生命力的时候，即在每一关节上都起功能作用的时候，它们和它们的邻居保持着心理上的距离。可是当它们的生命力逐渐失去，到了相当程度，它们又退回到整个句子的怀抱里，由独立的词合成的序列又恢复了它们本来已经交给了成分结晶体的职务。语言就是这样不断地收紧和放松它的序列。在高度综合的形式（拉丁语、爱斯基摩语）里，序列的“能”大部分禁闭在复杂的词的结构里，变成一种“位能”，也许千年不得释放。在比较分析性的形式（汉语、英语）里，这种“能”是灵活的，可以按着需要随处使用它。

① 所谓“雏形”是说：造成命题时，须加冠词和表达动词第三人称单数的-s。——译者

音势也往往会使决定句子里的某些序列变为成分组或复杂词，这是毋庸怀疑的。英语的 withstand(抵住)这个词，不过是古老的序列 with stand(对着/站)[①]，其中不带重音的副词永远被后面的动词拉了过去，作为一个有意义的成分，已经失去了它的独立性。同样地，法语的将来时，像 irai[(我)要去]之类，不过是原来的独立词 ir[②]a'i(去/我得)在统一重音影响下合并起来了。但是音势不仅仅把本身暗含着造句关系的序列联络而统一起来。它又是最自然的手法，可以随时用来强调语义上的对比，指出一序列成分之中哪个是主要的。所以我们不必奇怪，会发现重音，也正像序列，能够独自成为某种关系的符号。像英语的 go' between("中间介绍人"，重音在 go 上)和 to go between'("在中间走"，重音在-tween 上)的对比，可能是很后起的，但是可以确信，类似的区别在语言史上一直通用。See' man(重音在 see)这样一个序列就可能暗含某种类型的关系，例如 see 形容后面一个动词：a seeing man(一个正在看的人)或者 a seen(or visible)man[一个被看见(或看得见)的人]；要不然 see 是 man 的述语：the man sees(这人看)或 the man is seen(这人被看见了)。而 see man'(重音在 man)这样一个序列就可能指出这个带重音的词以某种方式限制了第一个词的使用范围，例如 man 作为 see 的宾语：to see a man(看见一个人)或是(he)sees the man[(他)看见这个人]。这种用不同的音势来标志的关系上的改变，在有些语言里是重要的、常有的[③]。

① with 当"对着"讲，参照德语的 wider(对面)。

② 参照拉丁语的 ire(去)和英语的 I have to go(我得去)。

③ 汉语不下于英语。

把词序和音势看做原始的、表达一切造句关系的方法，而把某些词和成分的现有关系价值看做由价值转移引起的后起情况，这样的看法有点冒险，但不是完全没有道理的空想。例如，可以猜想，拉丁词 feminam，dominum，civem 的-m，起初[①]并不指明“女人”、“主人”、“公民”是作为宾语而和命题的动词联系起来的，它所指出的比这具体得多[②]；而宾格关系只是由紧接在-m 前面的词（根本成分）的位置或重音暗含着的；后来-m 的较具体的意义逐渐隐灭了，才接过来一种起初不属于它的造句功能。这种由转移而演进的程序可以在许多例子里追寻出来。比如，英语短语 the law of the land（本地的法律）里的 of，现在是和拉丁语 lex urbis（城市的法律）里的“所有格”后附加成分一样了，纯粹是关系的标志，内容上没有色彩。但是我们知道，它原先是个副词，意义上相当具体[③]，等于 away（离开），moving from（从……移开）；而造句关系原先是用第二个名词的格的形式[④]来表达的。当格的形式失去了它的活力后，这个副词就接管了它的功能。我们假定所有造句关系的表达最后都能追溯到顺序和音势[⑤]这两种语言的不可避免的动力因素。如果这实在是言之成理的，那么我们就能得出一个有趣的论题：说话的现实内容，它的元音和辅音所结成的各音组，原先只限于是具体的；关系原先不用外表形式表达，只是暗含在顺序

① 所谓“起初”，我当然是指先于我们能用比较语言学的证据来追溯的印欧语系的最早阶段。

② 可能是某种把名词分类的成分。

③ 参照历史上跟它平行的 off（离）。

④ 分析到最后是离格（ablative）。

⑤ 音高似乎应该和音势并提。

和节奏里说出来。换句话说,关系是直觉地感到的,是从本身也在直觉平面上活动的动力因素里“泄漏出来”的。

语言史上,又时常发展另一种表达关系的方法,我们应当浏览一下。这就是“一致”的方法,或者说,使用同样符号的方法。它和口令或标签建立在同一原则上。任何人或东西只要能回答同样的口令,或带着同样的标记,就印上了某种关系。这样一印,就不必再管它们在哪里出现,或怎样表现。它们被公认是同一伙的了。我们熟悉拉丁语和希腊语的“一致”原则。有许多人受不了 vidi illum bonum dominum(我看见了那好主人)或 quarum dearum saevarum(那些严厉的女神的)这样纠缠的韵脚。“一致”并不一定要声音呼应,双声[①]或是叠韵,但是最典型和最原始的形式差不多总是伴随着声音重复的。这个原则的本质不外乎此:同伙的词(成分),特别是造句上起同等作用的,或用同样方式和其它词(成分)相联系的,外表上要用同一的或功能上相等的附加成分标出来。各种语言的本性不同,这个原则的应用也就大不相同。例如在拉丁语和希腊语里,名词和修饰词(形容词或指示词)在性、数、格上一致,动词和主语只在数上一致,动词和宾语不一致。

契奴克语里,名词(不论是主语还是宾语)和动词的一致用得更为广泛。每个名词都按五种范畴来归类:阳性、阴性、中性[②]、双数、复数。“女人”是阴性,“沙子”是中性,“桌子”是阳性。如果我要说:“这女人放这沙子在这桌子上”,就必须给动词也加上某类或

① 如在班图语和契奴克语里。

② 管它叫“普通性”可能更好些,它不只包括东西,也包括人,还可以用作复数。“阳性”、“阴性”,和德语、法语一样,包括许多无生命的名词。

某性的前附加成分，来和名词的前附加成分相一致。句子就成了这样：这(阴)-女人/她(阴)-它(中)-它(阳)-上-放/这(中)-沙子/这(阳)-桌子。如果还要形容沙子是"多的"，桌子是"大的"，这两个新观念就作为抽象名词表达出来，都带上应有的类别前附加成分("多"是中性或阳性的，"大"是阳性的)，还带上所有格前附加成分来联系被修饰的名词。所以，形容词和名词呼应，名词和动词呼应。"这女人放许多沙子在这大桌子上"，就成了这样的形式：这(阴)-女人/她(阴)-它(中)-它(阳)-上-放/这(阴)-属某的(中)-量/这(中)-沙子/这(阳)-属某的(阳)-大/这(阳)-桌子。"桌子"的归为阳性固执地在名词里、形容词里和动词里出现了三次。在班图语系[①]里，"一致"原则的运用和在契奴克语里很相像。名词也按几个范畴分类，也凭着能报出类别的前附加成分跟形容词、指示词、关系代词和动词联系起来，形成一个复杂的"一致"系统。在 The fierce lion who came here is dead(来到这里的那凶恶的狮子死了)这样一个句子里，"狮子"的类别(可以叫做动物类)要用"一致"的前附加成分提到不下六次——在指示词("那")上、修饰性形容词上、名词本身上、关系代词上、关系子句的动词的主格性前附加成分上和主句的动词(死了)的主格性前附加成分上。这样力求指称要在外表上明确，叫我们想起我们熟悉的 illum bonum dominum 里所表现的精神。

从心理上说，顺序法和重音法处在一个极端而一致法处在相

① 非洲南半部大部分地方说的语言。契奴克语是[北美]哥伦比亚河下游地方说的，有几种方言。在两个历史上不相关的地区，人的头脑竟然想出了同样的表达方式，这就给人以深刻的印象。

反的另一极端。前二者凭借暗示,凭借感情的微妙作用,而“一致”则不能容忍一点点马虎,随处都插上保证没有错的标签。“一致”有摆脱顺序的趋势。拉丁语和契奴克语里,独立词的位置是随便的,班图语稍差一点。但是,不论契奴克语还是班图语,在区别主语和宾语上,一致法和顺序法是同样重要的;因为动词里起分类作用的前附加成分,是由它们所占的相对位置来决定是联系主语、宾语或间接宾语的。这些例子再一次提醒我们一件重要的事,在任何语言的某一点上,顺序总会突出为最基本的关系原则。

细心的读者大概已经感到惊奇了,直到现在我们对老资格的“词类”还谈得这样少。理由正不必从远处找。把词归为词类这种传统的分类法,只不过模模糊糊、摇摆不定地趋近于日常经验的一个有条有理的清单而已。首先,我们想象所有的“动词”本身是和动作有关的,“名词”是脑子里能画出来的某个东西或人的名称,所有的品质都一定用某类我们可以适当地叫做“形容词”的词表达出来。只要一检查我们的词汇,就会发现词类和这样简单的对现实的分析很不相符。我们说 it is red(它是红的),并且把 red(红的)订为一个品质词或形容词。如果有人把整个陈述语(is red,形容词加动词“是”)想成一个动词,正像我们想到“展开”、“躺”、“睡”那样,我们就以为是怪事了。但是只要我们给“是红的”这个“延续性”观念加上一种“开始”和“过渡”的意味,我们就可以不说跟 it is red 平行的形式 it becomes red(它成为红的),it turns red(它变成红的),而采用 it reddens(它红了)①。没有人会否认 reddens 是和

① It reddens 无从译成汉语。“红了”形式上还不成动词。——译者

sleeps(睡)甚至 walks(走)同样地道的动词。然而,it is red 和 it reddens 之间的关系,很像 he stands(他站着)和 he stands up 或 he rises(他站起来)之间的关系。我们不能说 it reds 来表示 it is red 这意思,只是由于英语或一般印欧语的习惯。能这样说的语言成百数。还的确有许多语言只能把动词改造成分词,来表达我们用形容词表达的意思。在这样的语言里,red 只是派的 being red(是红的),就像我们的 sleeping 和 walking 是原型动词的派生词。

我们能把一个品质的观念动词化,如 reddens,同样也能把品质和动作当做一种东西。我们说 the height of a building(建筑物的高),the fall of an apple(苹果的下坠),就像这些观念是和 the roof of a building(建筑物的顶),the skin of an apple(苹果的皮)平行的,忘记了这两个名词[height(高),fall(下坠)],尽管我们把它们打扮成两件东西来说话,并不就此不再指一种品质和一种动作了。并且,正像某些语言把大量的形容词变成动词,别的语言就把它们变成名词。我们已经知道,契奴克语"这大桌子"是"这-桌子/它的大";在藏语,同是这观念可以用"大(名词)的桌子"来表达,正像我们可以用 a man of wealth(一个财物的人)来代替 a rich man(一个阔人)。

反过来问,难道没有某种观念非用某词类来表达不可的吗?He came to the house(他来到这房子)里的 to 该怎么办呢?好吧,我们可以躲开这前置词,说 he reached the house(他到达这房子),给动词添上一点意思,就把 to 所表达的处格关系吸收进去了。可是,让我们坚持非把处格关系的观念孤立起来不可,这样就

只有用前置词了吧? 不,我们可以把它改成名词。我们可以说这一类的话:he reached the proximity of the house(他到达房子近旁),he reached the house-locality(他到达房子-所在)。我们可以不说 he looked into[①]the glass(他往镜子里看),而说 he scrutinized the glass-interior(他端详了镜子的里边)。这样的表达在英语里显得装模作样,因为不容易和惯用的形式合辙;但是在不少语言里,我们看到处格关系正是用这种方法表达的。处格关系名词化了。我们可以这样来检查各个词类,显出它们不仅互相交错,并且实际上能互相转换,达到惊人的程度。检查的结果会叫我们信服:词类所反映的,与其说是人对现实的直觉分析,还不如说是人把现实模造成各种不同形式格局的能力。一个词类脱离了造句形式的范围,就变成了鬼火。所以词类的逻辑分类法——有几类,性质怎样,有没有一定范围——对语言学家没有一点好处。每一种语言都有自己的分类法。一切都要看这种语言承认什么形式上的限制。

可是我们切不要过分破坏。要记住语言是由一系列命题组成的。要说话就必须说到某事物;选定了这说话的主题以后,就得对它说点什么。这种区别具有如此的基本重要性,所以绝大多数的语言都强调它,在命题的这两端之间画出形式上的界线。说话的主题是名词。最普通的说话主题不是人就是东西,所以名词聚集在这一类具体概念周围。对主题的陈述一般是某种动作(就"动作"的最广泛的意义来说),是从一种存在状态到另一种存在状态

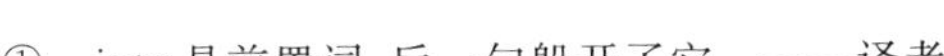

① into是前置词,后一句躲开了它。——译者

的过渡，所以，专门用来做陈述的形式，即动词，聚集在动作概念的周围。没有一种语言完全忽略名词和动词的区别，虽然在某些特殊情况下，这种区别的性质不容易捉摸。别的词类就不同了。没有一类是语言非有它就活不了的①。

① 雅纳语把名词和动词清楚地分开，虽然它们的某些共同点把它们拉近到我们觉得是不可能的程度。严格地说，这语言没有别的词类。形容词是动词。数词、疑问代词（如“是什么”）、某些“连词”和副词（如“是和”、“是不”；可以说“而-过去-我去”，意思是“而我去过”）也是动词。副词和前置词是名词，要不然就只是动词的派生附加成分。

第六章　语言结构的类型

直到现在，我们谈语言形式只考虑到单个词和词在句子里的相互关系。还没有从整个语言符合于哪个总类型的观点来看待它。我们偶然提到过，有些语言趋向于严密的综合性，而别的语言则把各个成分分析地、逐个地处理。也谈到，某些语言里造句关系显得是纯净的，而在另外一些语言，造句关系里就混杂着多少是具体的意思，不管在运用上会感到它们是多么抽象的。这样，我们已经可以看到一点苗头，所谓语言的总的类型到底是怎么回事。凡是略微想过这个问题的人，或是已经略微体会到某种外国语的精神的人，一定会明白：每一种语言都像有一个基本规划或固定的体裁。语言的这种类型或规划或结构"本性"，比我们所能举出的任何单一现象都更是根本性质的，更是弥漫一切的；单只罗列零碎的语法事实并不能使我们恰如其分地了解某种语言的性质。从拉丁语到俄语，我们觉得视野所及，景象是大体相同的，尽管近处的、熟习的地势已经改变了。到了英语，我们好像看到山形歪斜了一点，不过整个景象还认得出来。然而，一来到汉语，头上的天都变了。可以把这些譬喻改说一下：所有语言各不相同，可是某些语言差得尤其大。这就等于说，有可能把语言按形态的类型来分组。

严格地说，我们事先就知道不可能树立起有限的几个类型，就

把世界上几千种语言和方言的特点都照顾到。就像人类的一切制度一样,语言也是花样万千,变幻多端的东西,难以妥当地贴上标签。哪怕类型的尺度分得再细致,还几乎一定会有许多语言必须经过一番修剪才能各得其所。要把它们放进表格里去,一定会过分强调它们机构里的这个或那个特点,或者暂时忽略其中某些矛盾的地方。这种困难是否证明分类是徒然的呢?我想不是这样。强调每种语言都有它独特的历史,因而有它独特的结构,不过是摆脱责任,不想建设性地思想,再容易也不过。这样的看法只表明了一半的真相。类似的社会、经济、宗教制度能从不同的历史根源,在世界不同的地区成长起来,语言也是这样,沿着不同的道路向类似的形式集合。并且,语言的历史研究已经无疑地证明,语言不但是逐渐地改变,也是一贯地改变着的;它不自觉地从一种类型变向另一种类型,在世界上相隔很远的地区可以看到类似的趋势。因此可以说:互不相关的语言已经独立地并且时时地走向大致类似的形式。我们假定可以互相比较的类型是存在的,这并不是否定一切历史过程的个性;只是肯定在历史现象的背景上,有很强的趋势把语言(正像把其它社会产物)推向稳定的格局,也就是说类型。作为语言学家,我们满足于了解到有这些类型存在,并且语言的生命里有某些作用会改变这些类型。为什么会形成相似的类型,形成它们和瓦解它们的势力的本质到底是什么——这些问题容易提,不容易回答。将来的语言学家也许能告诉我们形成语言类型的最后原因是什么。

临到实际进行分类的时候,我们发现没有容易的路子可走。曾经提出过好多种分类法,每种都有可取之处,但是没有一种叫人满意。它们与其说是把所知的各种语言都包罗进去了,不如说是强迫各种语言坐在窄小的直背椅上。困难是多种多样的。首先是难于选择一个观点。在什么基础上分类呢？一种语言有多种面貌，我们很可能就被难住了。再说，一个观点就够了吗？其次，只选少数几种语言，把它们包括进去，是危险的。只取材于拉丁语、阿拉伯语、土耳其语、汉语，或者再追加上爱斯基摩语或修克斯语，那简直是自讨苦吃。不能设想只用跟我们相近的、我们最直接感兴趣的几种语言，再补充一星半点不熟习的语言，就够了。其三，贪图一个简单的公式①，也一直在叫语言学家自作自受。有一种分类法，它的魔力像是叫人难以抗拒似的，就是从两极端出发，比如说，从汉语和拉丁语出发，在它们周围集合一些可以方便地集合起来的语言，然后把其它一切扔到“过渡类型”里去。因此兴起了一种现在还流行的做法，把语言分成“孤立”类、“黏着”类、“屈折”类。有时候让印第安语拖在后面，算是黏着语的尴尬的后卫，叫做“多重综合”语。使用这些名称还是有道理的，只是含义上未必就像通常的用法。无论如何，很难把我们所知的一切语言都分别归入这些类，尤其是因为这些类别并不是互相排除的。下文就会看到，一种语言可能是黏着的，又是屈折的；或者是屈折的，又是多重综合的；甚或是多重综合的和孤立的。

还有第四个原因叫语言分类一般总是没有结果。这就是上世纪中叶灌输到社会科学里面的进化论偏见，它强暴地占住了我们的思路，直到现在才开始削弱。还有一种原因是更近乎人情的，也混杂在这科学偏见里，并且大概比这偏见发生得更早。绝大多数

① 要是可能的话，一个三位一体的公式。

的语言理论家说某种类型的语言，其中发展得最充分的样式是他们从小就学的拉丁语和希腊语。他们不难相信，这些熟习的语言代表着迄今为止语言发展的“最高”类型，而其它一切类型不过是走向这可爱的“屈折”类型的阶段。凡是符合梵语、希腊语、拉丁语和德语的格局的，就被当做最高的；凡是不符合的，就叫人蹙眉头，认为是短少了什么的，或者至多不过是一种有趣的畸形而已①。实则任何分类只要是从固执的评价观点出发，或者只是为了满足情绪，就自己注定是不科学的。一个语言学家坚持说拉丁语的形态类型是语言发展的高潮线，就好比一个动物学家在有机界里看到了一个大阴谋，要演化出一匹赛马或一头泽西乳牛来。就基本形式来说，语言是人类直觉的符号表达。形式可以有上百种，不论使用这些形式的人在物质上是进步的还是落后的，更不用说人对语言形式总是不自觉的。所以，要了解语言的真正内情，就必须清除固执的“评价”②，并且要惯于用同样冷静而又关切的超然态度来对待英语和霍登托脱语。

① 有一位有名的谈论文化和语言的美国作家说过一句警语：说黏着语的人虽然可贵，但是一个屈折的女人嫁给一个黏着的男人，实在是罪过。用这么大的精神价值来打赌么！屈折语的护法师引以为荣的往往正是拉丁语和希腊语的不合理的地方，只有当他们觉得宜乎强调这两种语言的深刻的“逻辑”性的时候才不这样。可是对土耳其语和汉语的清醒逻辑他们又是麻木不仁的。好些“野蛮”的语言，不合理的地方那么显眼，形式那么复杂，这又不合他们的胃口。感情用事的人真是难以理喻。

② 这里说的是对语言的形式有所评价。一种语言有没有丰富的、有用的词汇，那是另一回事。某一时期的词汇有多少，语言学家看来并不重要，因为所有语言都有足够的资源，只要有需要，可以随时用来创造新词。进一步说，一种语言有没有巨大的实用价值，是不是一种伟大文化的媒介，跟我们也一点没有关系。从别的观点来看，当然要考虑这些事，可是它们跟形式的价值不相干。

我们再回头看一看第一种困难。分类上该采取什么观点呢？从前一章有关语法形式的一切话看来，我们显然不能再像有些老作家那样，把语言分为有形式的和没有形式的。每一种语言都能够，也都必须表达基本造句关系，即使在它的词汇里找不到一个附加成分。我们的结论是：所有语言都是有形式的语言。语言必须表达纯粹的关系，此外语言是可以“没有形式”的。这所谓“没有形式”，只是机械的、相当浮面的看法，不过是说语言可以不受非根本成分的牵累。又有人试图按“内部形式”来区分语言。例如，汉语没有单纯的形式成分，没有“外部形式”；但是它对于关系，对于主语和宾语的区别，定语和述语的区别等等，都显得很敏感。换句话说，它具有“内部形式”，正像拉丁语一样，只是外表上是“没有形式的”，而拉丁语是外表上“有形式的”。反过来说，有人以为某些语言[①]不能实在掌握基本关系，只是满足于细致地表达实体概念，有时候也炫耀一下“外部形式”，而纯粹的关系则留待人从上下文推想。我总以为所谓语言“没有内部形式”只是一种幻觉。很可能，在这些语言里，关系不像是在汉语里甚至拉丁语[②]里那样，用非实质的方式表达出来的；或者它们的顺序原则比汉语不固定；也可能是因为趋向于复杂的派生方式使它们不必像更具分析性的语言那样，须要把关系从外表表达出来[③]。这么说并不意味着这样的语言对基本关系没有真实的感情。所以我们不能采用“没有内部形

① 如马来亚语、波利尼西亚语。

② 我们已经看到，拉丁语的造句关系并非完全没有具体的成分融合在内。

③ 就像英语的 cod-liver oil（鱼-肝/油），部分地躲开了从外表上指出这三个名词之间的关系，参照法语的 huile de foie de morue（鱼的肝的油）。

式”这看法，除非把它的含义大大修改，只是说句法关系可能是和另一类的观念融合起来了。这种分类标准下文再谈吧。

按各种语言里最典型的形式程序①来分类就比较合理些。凡是永远把词和根本成分等同起来的语言可以归为一类，叫做“孤立”类，和它相对的是运用附加成分做修饰的语言（附加语言），或是用内部变换（重叠；元音和辅音变换；音量、音势、音高的改变）来改变根本成分的意义的语言。这最后一种类型叫做“象征语言”也并非不恰当②。附加语言自然可以再分为通常用前附加成分的，如班图语或脱令基脱语，和主要用或完全用后附加成分的，如爱斯基摩语、阿尔贡巾语或拉丁语。这种四分法（孤立的、前附加的、后附加的、象征的）有两种严重的困难。第一，大部分语言都能适合不止一种类型，例如塞姆语系的语言同时是前附加的、后附加的和象征的。第二，这样粗枝大叶地分类未免失于肤浅。它可能只因为外部形式上有某些相似之处，就把精神上全然不同的语言扔到一起。前附加的柬埔寨语和班图语显然有天渊之别；柬埔寨语的前附加（和中附加）成分只表达派生概念，班图语的前附加成分有

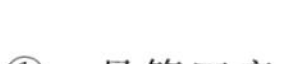

① 见第四章。

② Drink，drank，drunk（“喝”的现在时、过去时、完成时），或汉语“买”（升调）、“卖”（降调），其间意义上的改变在心理上可能真的和象征主义有关。近代心理学著作合理地强调有引向象征主义的无意识趋势。我感觉到从 sing 过渡到 sang 很像颜色象征的改变，如绿代表安全、红代表危险。但是各人在这一类的语言改变里能感觉象征主义到何种程度，可能是有很大差别的。[译按：这里明指精神分析论。作者从克罗齐哲学的背景来了解弗洛伊德的“象征主义”。一般说法，语言的符号叫做 signal，但有时也叫 symbol（象征）。那么，这一段话就不容易懂了。用“红”代表危险和用“红”来说危险，谁都觉得不是一回事；但是很难说明不同在哪里。作者以为一是“无意识的”，一是有意识的；一属于艺术范围，一属于科学范围。]

更深远的意义，是造句关系的符号。如果这个分类法只限于用在关系概念[①]的表达方式上，它的价值就大得多了。下文我们还要照这修改过的样子把这分类法当做次要的分类标准提出来。那时我们会发现“孤立的”、“附加的”、“象征的”这些名称是有真价值的。不过前附加和后附加的区别不必再提了，我们会发现另一种区分法比这有意思得多，就是把标准建立在附加成分和词的核心互相结合的紧密程度上[②]。

还可以建立另一套很有用的区分法，但是也不能单独使用，否则分类又会是浮面的。我指的是这些观念：“分析的”、“综合的”和“多重综合的”。名称本身就可以说明含义。分析的语言不把概念合并成词（汉语），或只很经济地这样做（英语、法语）。在分析的语言里，句子永远是主要的，而词是次要的。综合的语言（拉丁语、阿拉伯语、芬兰语），概念比较密集，词的内部间界重重，但是总的说来，有把具体意义归到单词的较小范围内去表达的趋势。多重综合的语言，就像这名称所暗示的那样，不只是一般的综合语言。单个词富丽到极点。我们梦想不到会处于附属地位的概念，在这里

① 纯粹关系性的，或“具体关系性的”，见第五章。

② 尽管我不愿意强调前附加和后附加语言的区别，我还是觉得这里边包含的东西远比语言学家一般认识到的要多。在我看来，一种语言，在一个根本成分没有说出来以前就决定了它的形式身份——脱令基脱语、契奴克语和班图语正是惯于这样做的——和一种语言，从一个词的具体核心开始，用限制法一步步地缩小前面一段所指的范围，最后确定词的身份，这二者之间有相当大的心理上的差别。前者带有图解或建筑的味道，后者是事后修剪的方法。在堆砌前附加成分的语言里，人会觉得一个词是浮游成分的结晶；在典型的用后附加成分的语言（土耳其语、爱斯基摩语、奴脱加语），词是一种“微分”结构，每一个附加成分把整个形式重新限定一次。这种区别虽然重要，但是难以捉摸，像本书这样的初步研究里只好不管它。

也用派生的附加成分或根本成分的“象征性”改变作为符号；同时，更抽象的观念，包括造句关系在内，也可以在一个词里表现出来。多重综合语并不表现出我们在较熟悉的综合语里没有列举到的原则。它和综合语的关系很像综合语和分析的英语[①]之间的关系。这三个名称只指量的方面有分别，并且是相对的，也就是说，一种语言从某一观点看来是“分析的”，从另一观点看来又是“综合的”。我以为这些名称更宜于用来指某些趋势，不宜于当做绝对的筹码。能指出一种语言在它的历史过程中是变得越来越分析了，还是表现出了从简单的分析基础上逐渐结成高度综合形式的征象，往往是有启发性的[②]。

现在谈一谈“屈折”语和“黏着”语的分别。上文说过，这种区分是有用的，甚至是必要的，但是一般总是让某些不相干的东西给弄糊涂了，或是由于某种企图而弄得徒劳无功，那就是想用这两个名称概括所有的不像汉语那样具有明确的孤立模型的语言。“屈折”这名称该是什么意思呢。不如从拉丁语和希腊语的某些特点来略说一说，这些特点一般认为是屈折语所特有的。首先，它们的综合性比分析性强。这一点对我们没有多大帮助。拉丁语、希腊语，比起许多在大体结构上和它们类似的语言来，并不见得特别综合；从另一方面看，它们的现代后裔，意大利语和现代希腊语，虽然

---

① 但英语只是有分析的趋势而已，和法语比起来，它至少在某些方面还是相当综合的。

② 英语、法语、丹麦语、藏语、汉语，还有一大堆别的语言，显出前一种过程。我以为某些印第安语，如契奴克语、纳伐霍语，可以证明后一种趋势。在它们现有的不太复杂的多重综合形式里，可以隐约看到分析的基础。契奴克语的基础可以说大致是像英语的；纳伐霍语的，大致像法语的。

比它们更具有分析性①，可是在结构轮廓上还没有远离到足以归入另一大类的地步。必须强调说：屈折语可以是分析的、综合的，或多重综合的。

拉丁语和希腊语主要用附加法，特别是后附加。黏着语用附加成分也是典型的，和希腊语、拉丁语一样，有的爱用前附加，有的趋向于多用后附加。单是用附加并不确定屈折性。也许一切都要看究竟是怎样的附加。要是我们把英语的词 farmer（农民），goodness（“好”、名词）和 height（高度），depth（深度）比较一下，就不能不注意到这两组词所用的附加技术显然不同。-er 和-ness 是相当机械地附加到根本成分（同时也是独立词）farm 和 good 上面去的。它们绝不是能独立表达意思的成分，但是[一加在根本成分上，又]②明白无误地直接传递了它们的意义（从事者、抽象品质）。它们的使用法是简单而有规则的，不难把它们加到任何一个动词或形容词上去，不管这个动词和形容词是多么新起的。我们可以把动词 to camouflage（伪装）变成名词 camouflager（伪装者）；把形容词 jazzy（不和谐的）容容易易地变成名词 jazziness（不和谐性）。Height 和 depth 就不同。从功能上说，它们和 high（高），deep（深）的关系正同 good 和 goodness 的关系，但是根本成分和附加成分结合的程度比较高。根本成分和附加成分虽然还是可以分得相当清楚，可是不像 goodness 的 good 和-ness 那样容易拆开。Height 的-t 不是这个附加成分的典型形式[参照 strength（力量），

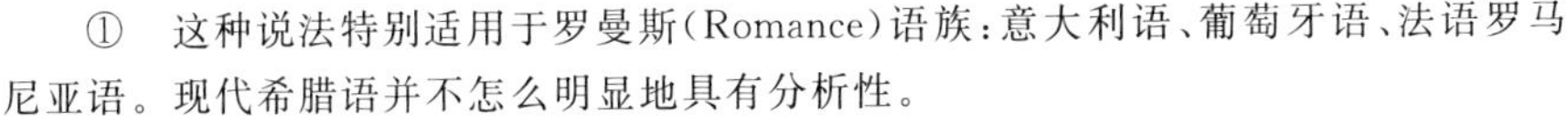

① 这种说法特别适用于罗曼斯（Romance）语族：意大利语、葡萄牙语、法语罗马尼亚语。现代希腊语并不怎么明显地具有分析性。

② [　]里的字是译者加上的。

length(长度),filth(污垢),breadth(宽度),youth(青春)],dep-也不全同于 deep。我们可以管这两种附加法叫做“融合的”和“拼合的”;要是我们愿意的话,可以说“拼合的”就是“黏着的”。

那么,能把融合法特别看做是屈折的精髓么?恐怕还不能这么说。就是英语里挤满了 depth 类型的结合体,要是在另一方面,名词用复数不要求和动词一致(如 the books falls 和 the book falls 不拘,或者 the book fall 和 the books fall 不拘),动词的人称结尾不必和时制一致(如 the book fells 和 the book falls 不拘,或 the book fall 和 the book fell 不拘),代词不必和格一致(如 I see he 和 he sees me 不拘,或 him see the man 和 the man sees him 不拘),那么我们还是不敢说英语是屈折的。单是用“融合”来指屈折程序,好像还不够清楚,不能叫我们满意。的确,有许多语言尽管用尽了我们能找到的最完备、最错综的方式来融合根本成分和附加成分,但并不就此显出那种使拉丁语和希腊语成为屈折语的形式结构。

融合法是这样,“象征”的程序[①]也不过是这样。有的语言学家以为 drink,drank 那样的变换代表着屈折法的最高水准,是纯屈折形式的精神本质。可是,像希腊语的 pepomph-a(我已经送出了)这样一个形式,和 pemp-o(我送出)对比,根本成分有三种象征改变(重复 pe-、e 变成 o,p 变成 ph),然而给这两个词以屈折面貌的反倒是第一人称单数的-a(完成时)变成-o(现在时)。没有比这样的设想更错的了,以为根本成分的象征变化,即使是表达数或时

① 见 123 页。

制这样的抽象概念的，总是和屈折语的造句特点有关联的。如果我们管使用拼合法来加上附加成分的语言叫“黏着”语，我们就只好说：有好几百种融合语言和象征语言（按定义它们不是黏着语了），在精神上和属于屈折类型的希腊语、拉丁语相抵触。不妨也管它们叫屈折语，只是必须准备根本修改我们对屈折形式的看法。

要知道，根本成分和附加成分的融合可以具有比我迄今为止已经指出的更广泛的心理上的意义。假如英语每一个名词的复数都是 book（书），books（复数）类型的，而没有跟它冲突的 deer（鹿），deer（复数），ox（公牛），oxen（复数），goose（鹅），geese（复数）等格局，使复数的总的图案复杂化，我们无疑会觉得 book 和-s 这两个成分融合成 books 这个词，它的完整性要比它实际具有的稍差一点。在这件事上，人在无意识中仿佛会这样设想，或这样感觉：books 这个词所代表的形式格局既然在用途上和 oxen 所代表的相同，那么，代表复数的成分-s，-en 就不能有我们乍一看可能认为它们应该有的那种确定而独立价值。它们只有在选择某些概念来复数化的时候才是复数成分。所以，books 和 oxen 这两个词就不仅仅是东西（book，ox）的符号和清楚的复数符号的机械性的合并。Book-s 和 ox-en 的衔接处叫人心理上有点犹豫，有点模糊。-s和-en 的力量有一小部分被 book 和 ox 预支去了，或侵占去了，正像 depth 的-th 在力量上显得弱于 goodness 的-ness，尽管 depth 和 goodness 在功能上是平行的。衔接处既然叫人有所犹豫，附加成分既然不能保有它应有的全部意义，整个词的统一性就更被强调了。人的头脑总得有个停留的地方。假若不能停留在各个组合成分上，就更急于要把词认为一个整体。Goodness 那样的词代表

"黏着",books 代表"正规的融合",depth 代表"不正规的融合",geese 代表"象征性的融合"或"象征主义"[①]。

黏着形式的词里,附加成分在心理上的明确性可能比 good-ness 的-ness 还要突出。十分严格地说,-ness 的意义的明确性和独立性并没有尽可能地发挥出来。它得仰仗前面的根本成分是某一类的成分,这里是形容词性成分。这样,它的力量事先就受到了一些限制。但是,在大多数用到附加成分的场合,这种融合性是模糊的、轻微的,好像是理所当然的,以致我们自然而然地忽略了融合性的存在,而强调附加程序的拼合性或黏着性。要是我们能够把-ness 当做一个抽象成分附加到一切种类的根本成分上去,要是我们能说 fightness(战斗的行动或性质),waterness(水的性质或状态),awayness(离开的状态),就像能说 goodness(好的状态)一样,我们就显见得是靠近黏着这一端了。趋向于这种稀松的综合的语言,可以看做理想的黏着的范例,尤其是当黏着成分表达的是关系概念,或者至少是派生观念中较抽象的一类的时候。

可以从奴脱加语引用几种形式来说明这一点。我们要回到上文所说的"屋子里的火"[②]。奴脱加词 inikw-iil 并不像译文所暗示的那样,是一个确定地形式化了的词。根本成分 inikw-(火)实在不只是名词性的,还可以是动词性的,有时候当"火"讲,有时候当"烧"

① 下面这公式可能对有数学头脑的人有点用处。黏着:c=a+b;正规融合:c=a+(b—x)+x;不正规融合:c=(a—x)+(b—y)+(x+y);象征主义:c=(a—x)+x。我不想暗指融合程序里有任何神秘的价值。它的发展可能只是各种能形成不正常现象的纯粹语音势力的机械现象的产物。

② 见 102 页。

讲，关键全在造句法上。加上派生成分 -ihl（屋子里）并不能削弱这种含糊性或一般性；inikw-ihl 仍然可以是“屋子里（的）火”或“屋子里（的）烧”。附加上专是名词性的成分或专是动词性的成分，才可以使它确定地名词化或动词化。例如，后面加上一个冠词成分，inikw-ihl-’i，就是一个清楚的名词性形式：“这屋子里的烧，这屋子里的火”；加上个指示性的后附加成分，inikw-ihl-ma，同样清楚地是一个动词性形式：“它在屋子里烧”。“屋子里的火”和动词性或名词性的后附加成分之间的融合弱到什么程度，可以从下面这情形看出来。inikwihl 在形式上是无所谓的，但并不是从分析得出来的抽象东西，而是一个羽毛丰满的词，可以随便用在句子里。形成名词用的（-’i）和指示性的-ma，不是和根本成分融合在一起的造形附加成分，只不过是形式上有意思的一种附加物而已。在-’i 或-ma 没用上之前，我们可以故意不让 inikwihl 表现为动词或名词。我们可以把它复数化：inikw-ihl-’minih，意思还是“屋子里（的）火（复数）”或“屋子里（的）烧（复数）”。可以把这个复数小化：inikw-ihl-’minih-’is，意思仍旧是“屋子里（的）小火（复数）”或“屋子里（的）小烧（复数）”。要是我们再给它加上过去时后附加成分-it 呢？inikw-ihl-’minih-’is-it 该一定是一个动词“几个小火曾经在屋子里烧”了吧？不，它仍旧可以名词化。inikwihl’minih’-isĭt-’i 的意思是“从前在屋子里的小火（复数），曾经在屋子里烧的小火（复数）”。没有加上排除其它可能性的形式以前，它不会是一个无疑的动词。inikwihl’minih’isit-a 才是动词直陈式“几个小火曾经在屋子里烧”。我们立刻可以看出，-ihl，-’minih，-’is，-it 这几个成分，除了内容上有比较具体的或比较抽象的意义之外，除了在外表（语音）上和它们前面的成分结合到某种程

度之外，还具有一种英语的附加成分从来没有过的心理上的独立性。它们是典型的黏着成分，虽然比起 goodness 的 -ness 或 books 的 -s 来，它们并没有更大的外表上的独立性，也并不更能脱离它们所附着的根本成分而独立生存。但不能因此就说黏着语不会在相当大的程度上使用融合原则(不论是外表上的还是心理上的)甚至象征主义。这完全是个趋势的问题。一种语言的构形的倾向是侧重黏着法的吗？如果是，它就是“黏着的”。作为黏着语，它可以是前附加的或后附加的；可以是分析的、综合的或多重综合的。

再回头看屈折法。像拉丁语或希腊语这样的屈折语使用融合法，并且这融合不仅有外在的语音上的意思，也有内在的心理上的意思。但是，融合只在派生概念(II 类[①])范围里起作用还是不够的，它必须包括造句关系，用不混杂的形式(IV 类)表达出来，或者像拉丁语和希腊语，当做“具体关系概念”(III 类)表达出来[②]。就

① 见第四章。

② 融合语可以只用纯粹的形式来表达造句关系，就是说，其中不混杂数、性、时制等等的观念；如果我们由于习见拉丁语和希腊语的混杂的表达法，而拒绝把“屈折”语的称号用在这样的融合语，就是故意把“屈折”这概念弄得过分别扭了。当然，融合法也的确会冲破 II 类和 IV 类概念之间的壁垒，而创造 III 类概念。但是不该否定这种只使用纯关系概念的“屈折”语言的可能性。例如，现代藏语里，II 类概念即使表达出来也是很弱的，关系概念(如所有格、从事格、工具格)的表达也不混杂有实体性，可是我们仍能找到许多有趣的融合的例子，甚至象征主义的例子。比如，mi di(人这，这人)是一个绝对的形式，可以用作不及物动词的主语。如果动词是及物的(其实是被动的)，(逻辑)主语就采取从事格形式。Mi di 成为 mi di(被这人)，指示代词(或冠词)di 的元音加长了一些(这个音节的声调可能也有改变)。这正是屈折的本质。现在通行的语言分类法认为“屈折”和“孤立”完全是两类东西，而现代藏语，除了上文所举那样的融合和象征的例子，完全可以恰当地说是“孤立语”，这正好给现行分类法的缺陷加上了一个逗笑的注脚。

拉丁语和希腊语来说，它们的屈折主要是由于把表达逻辑上不纯粹的关系概念的成分融合到根本成分和表达派生概念的成分上去。把融合作为一般的方法和用它来在一个词里表达关系概念，是“屈折”这观念所不可缺少的两种含义。

但是，给屈折下这样的定义，就等于怀疑这个名称能用来描写出一大类语言的价值。为什么要同时强调一种方法[融合]和一种特别内容[不纯粹关系概念]呢？我们当然要搞清楚究竟侧重这一方面还是那一方面。“融合的”和“象征的”，是跟“黏着的”相对立的，“黏着的”和“屈折的”又绝不是等同的。我们该怎样对待那些不在词里表达关系概念而让句子来管它的融合语和象征语呢？再说，在黏着语里，难道就不区分在词里表达关系概念的——在这一点上像屈折语——和不这样做的吗？我们抛弃了分析的、综合的、多重综合的这个尺度，因为它只顾到量的方面，不合使用。孤立的、附加的、象征的，这也不够，因为它过分着重技术的外形。孤立的、黏着的，融合的和象征的，这办法比较可取，但仍旧是在外形上兜圈子。我认为我们最好不放弃“屈折”，因为它能给我们一种有用的启示，来建立一个更为广泛、更为内部一致地展开的方案；它暗示着要把分类法建筑在语言所表达的概念的本质的基础上。其它两种分类法，一种以综合程度为准，一种以融合程度为准，可以当做交叉的分类法保留下来，以便对主要的概念类型作进一层的分类。

不如回忆一下，所有的语言都必须表达根本概念（I 类）和关系观念（IV 类）。其它两大类概念——派生的（II 类）和混合关系的（III 类）——都可以有，都可以没有，或是这种有，那种没有。这就提出了一种简单的、干脆的、绝对包括一切已知语言的分类法。有下列几类语言：

A. 只表达 I 类和 IV 类概念的语言；或者说，保持造句关系的纯粹性，而且不会用附加法或内部变换来改变根本成分的意义的语言[①]。我们可以管它们叫纯关系的非派生的语言，或者更简练些，叫做简单的纯关系语言。在表达上，它们是最彻骨的语言。

B. 表达 I、II、IV 类概念的语言；或者说，保持造句关系的纯粹性，但也会用附加法或内部变换来改变根本成分的意义的语言。它们是纯关系的派生的语言，或复杂的纯关系语言。

C. 表达 I、III[②] 类概念的语言；或者说，造句关系的表达一定连带着并非完全没有具体意义的概念，但是除了这样的混合之外，不会用附加法或内部变换来改变根本成分的意义的语言[③]。它们是混合关系的非派生的语言，或简单的混合关系语言。

D. 表达 I、II、III 类概念的语言；或者说，像 C 一样，用混合形

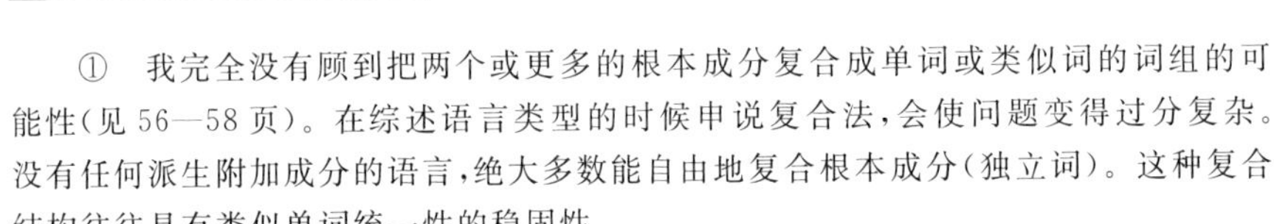

① 我完全没有顾到把两个或更多的根本成分复合成单词或类似词的词组的可能性（见 56—58 页）。在综述语言类型的时候申说复合法，会使问题变得过分复杂。没有任何派生附加成分的语言，绝大多数能自由地复合根本成分（独立词）。这种复合结构往往具有类似单词统一性的稳固性。

② 我们可以假定，在这类语言和 D 类语言里，所有的或绝大多数的关系概念都是用“混合”形式表达的。例如，要表达主格这概念，必须同时牵连到数或是性，或一个主动的动词必须牵连到某个时制。所以 III 类可以了解为包括 Ⅳ 类，或吸收了 Ⅳ 类。当然，从理论上说，某些概念可以纯粹地表达出来，而其它的，混合地表达出来；但是，要在实践中区别它们，可不容易。

③ C 类和 D 类的界线不能截然划出。它们主要是程度上不同。像班图语或法语那样的语言，明显地属于混合关系类型，很少使用简洁明净的派生法，大可以放到 C 类，尽管它们还有一些派生的附加成分。大体上说，C 类可以认为是 D 类的高度分析的（“净化”了的）形式。

式表达造句关系，但也会用附加法和内部变换来改变根本成分的意义的语言。它们是**混合关系的派生的语言**，或**复杂的混合关系语言**。属于这一类的有我们最熟悉的“屈折”语，还有许多种“黏着”语，其中有一些是“多重综合的”，其余的只是“综合的”。

我必须再说一遍，这样凭概念来把语言分类，并没有顾到语言的技术性的外表。实际上，它只回答了两个有关概念怎样译成语言符号的问题。第一，一种语言保持它的根本概念的纯粹性呢，还是用不可分离的成分来堆砌它的具体观念（A、C 类对 B、D 类）。第二，它安排一个命题时，绝不可少的基本关系概念受不受具体概念的沾染呢（A、B 类对 C、D 类）。我以为第二个问题比第一个更具基本性。所以我们能简化这分类法，如下：

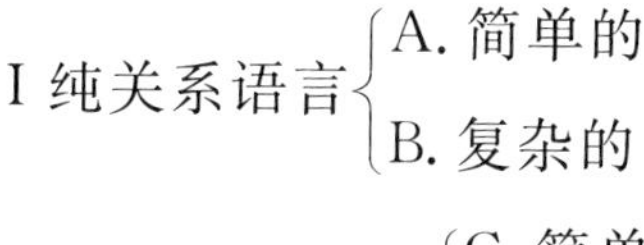

I 纯关系语言
- A. 简单的
- B. 复杂的

II 混合关系语言
- C. 简单的
- D. 复杂的

要想简便地为人类的形形色色的语言作一描写性的概述，这个分类法嫌太笼统、太宽泛。它需要扩充。A、B、C、D 之中，每一种都可以按照它最常用的改变根本成分的方法再分为黏着的、融合的、象征的，三个亚类。在 A 类里，又另外分出一个亚类，孤立类；它的特点是没有任何附加成分，根本成分也没有任何改变。在孤立语里，造句关系是用词在句子里的位置来表达的。许多 B 类的语言也是这样。它们所以称为“黏着的”、“融合的”、“象征的”，只是就它们怎样处理派生概念说的，不是就关系概念说的。这样的语言可以说是“黏着-孤立的”、“融合-孤立的”、“象征-孤立的”。

这就引出一种重要的，一般性的看法：处理某一类概念的方法，一点也不必和处理另一类概念的方法相同。需要时，可以用联合名称来表明在处理上有分别；联合名称的第一个成分用来代表怎样处理II类概念，第二个成分代表怎样处理III类和IV类概念。“黏着”语指把所有附加成分黏着起来的语言，或这种方法占绝对优势的语言，这是典型的。“黏着-融合”语的派生成分是黏着的，也许用前附加成分；而关系成分（纯粹的或混合的）则是和根本成分融合的，可能另用一组前附加成分，加在第一组后边，或用后附加成分，或一部分用前附加，一部分用后附加。“融合-黏着”语是指这样的语言，它融合派生成分，但是指出关系的成分容许有较大的独立性。所有这些以及类似的区别，不只理论上可能，在语言形态的描写性资料里可以举出大量的事例。不只如此，要是真的需要强调构词的细密程度，又可以用“分析的”，“综合的”、“多重综合的”作描写的名称。不用说，A类语言一定是分析的；C类大体上也是分析的，不大会发展到超过综合的阶段。

可是我们不能太拘于名称。还得看把重点放在哪里，从什么观点着眼。这里陈述的分类法有一个大优点，可以按问题的需要而分得详细一点或简单一点。综合的程度可以完全不计较；“融合”和“象征”时常可以斟酌合并到“融合”项下；如果需要的话，黏着和融合的区别也可以不谈，因为太难划分，或是因为和论题不相干。语言究竟是极端复杂的历史建筑。把每种语言都放到一个方格子里，这并不重要。倒不如订出一种可以伸缩的方法，让我们能从两三个独立观点来把一种语言搁到能和另一种语言互相对比的位置上去。这并不否认某些语言类型是比别的类型更为稳定、更为常见的，虽然在理论上别的类型也同样是可能的。我们对许多语言的结构和精神现在还知道得很不够，所以我们的分类法不能不是有伸缩的、试验性的。

133 页和 134 页有一张分析表，举出一些特选的类型，读了就会对语言形态的可能性得到更生动的印象。II、III、IV 三栏所指的是上一章里说的这三类概念。a，b，c，d 分别代表孤立（句中的位置）、黏着、融合、象征，这四种程序。一种语言所用的技术如果不止一种，就按它们的重要性排列先后①。

不用说，这些例子远不能包括语言结构的全部可能性。也不用说，归入同一类的语言，外表上也不一定有许多相似之处。我们关心的是一种语言的精神、技术和复杂程度这些方面的最基本、最一般的形象。虽然如此，在许多例子里我们也不能不看到一些很有启发性的、很突出的事实：归入同一类的语言会在细节上彼此平行，并且还会在本分类法所没有注意到的结构形式上彼此平行。例如，塔克尔马语和希腊语②就有一种最有意思的结构方面的平

① 断定一种语言属于哪个类型的时候，要注意别让某些结构现象引入歧途；它们是过去遗留下来的，现在已经没有孳生力，也不进入语言的无意识布局。一切语言里都散布着这种僵化了的尸体。英语 spinster（纺纱者）和 webster（本来的意思是“织布者”）的-ster 是一个古老的从事格后附加成分，但是如今这一代说英语的人并不真正感觉到它的存在；spinster 和 webster 已经完全和它们的同源词 spin，weave（web）脱节了。同样，汉语里有无数互相关联的词在声母上，在元音上，在声调上或在有无结尾辅音上彼此有区别。即便是中国人能感到有词源关系的场合——他有时不能不感觉到——也不能指出这种语音变异本身有什么功能。所以这样的区别不成为语言机构的有生命的现象，绝不能凭它来断定这种语言的一般形式。外国人更需要留意这一点，因为他们对一种新遇见的语言会钩沈索隐，往往把残存的现象当做有生命的，而本地人却完全不知觉，或是把它看成已经死了的形式。

② 当然不止是希腊语，它不过是印欧语的典型代表。

行，虽然就地理上的距离和历史上的隔绝来说，它们不下于任何两种随意选出来的语言。它们相似的地方超出下表登录的一般情形之外。不必相提并论的语言现象，理论上没有必然联系的语言现象，好像会团结在一起，追随着某种深刻的、约束性的、在语言沿流上起统治作用的造形趋势。所以，只要我们看出某两种语言确有直觉上的相似处，确有同一潜在的形式感情，那么就不必奇怪会发现这两种语言同样追求或同样规避某种发展的道路。现在我们还远不能弄清这些基本的形式直觉到底是什么。我们至多只能相当模糊地感到它们，大体上只好满足于看到了它们的征兆而已。这样的征兆我们在各种语言的描写语法或历史语法上随时都能拾到。有一天我们也许能通过它们看出那宏伟的基层规模。

现在通行的分类法只从结构技术着眼，把语言分为"孤立"、"黏着"、"屈折"（读做"融合"）三类，在发掘语言的直观形式上不能说有多大价值。我不知道我们的方法，即把语言按概念归为四类，能不能探得更深一点。我个人觉得它能，但是分类法，人的头脑里构拟出来的整齐划一的东西，总是不可靠的。必须一遇到机会就把它考验一下，才有权利叫人接受它。这其间，我们可以试用一种相当奇怪但是简便的历史考验，从而得到一些鼓励。语言处在经常改变的过程中，但是有理由假定它们会把结构中最基本的东西保持得最长久。如果我们举几大组在发生上有关系的语言[①]，从这一组看到那一组，或者追溯它们的发展道路，我们不时会遇到逐渐的、形态类型上的改变。这也无足为奇，因为一种语言没有理由

① 或者说，用文献或比较方法证明是同源的语言。见第七章。

要永远保持它原来的形式。有意思的是，下表所举的三种分类标准（概念类型、结构技术、综合程度）中，综合程度好像最容易改变，结构技术也是可以改变的，但是要慢得多，概念类型坚持得最长久。

下表收罗的举例性资料不足以用作论据，但是就这样也未始没有高度的启发性。彼此有历史关系而现在分属于不同概念类型的语言，表格里只能捡到这些例子：B 到 A（希鲁克语和埃维语对照①，经典藏语和现代藏语、汉语对照）；从 D 到 C（拉丁语和法语对照②）。但是 A 和 B，C 和 D 本来是互相关联的，是同一更基本的类型（纯关系的，混合关系的）的简单形式和复杂形式。我举不出可信的例子来说明从纯关系到混合关系的过渡，或反过来的过渡。

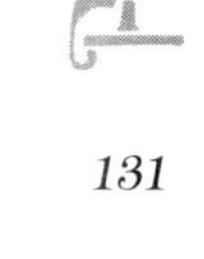

这个表足够充分地说明了语言的技术特点比较起来是多么没有固定性。高度综合的语言（拉丁语、梵语）不时分裂为分析形式（法语、孟加拉语），黏着语言（芬兰语）也往往逐渐采取"屈折"特点。这都是大家知道的，但是好像很少有人自然地推想到综合与分析，黏着和"屈折"（融合）之间的对立可能不是那么基本的。再看印度-支那语，我们发现汉语比我们可能找到的任何其它例子都更接近完全的孤立语，而经典藏语就不只有融合，并且有很强的象

① 威斯脱曼（D. Westermann）最近提出，它们是"苏丹"语族最东的和最西的代表。它们的同源关系至多也是非常遥远的。

② 这个例子未免可疑。我把法语放在 C 类而不放在 D 类，本来相当不放心。一切都要看怎样估计像 national（民族的）的-al，bonté（善意）的-té或 retourner（返回）的 re-这样的成分。它们很普通。但是也像英语的-ness，-ful，un-一样的生动，一样的不僵化、不书卷气吗？

征特点(如 g-tong-ba“给”,过去时 b-tang,将来时 g-tang,命令态 thong),但是二者都是纯关系语。埃维语可说是孤立的,或有点黏着的,希鲁克语,虽然正正经经地是一种分析语,倒是我所知道的最肯定的象征语之一,而这两种苏丹语又都是纯关系语。波利尼西亚语和柬埔寨语之间的关系虽然很远,但几乎是可以肯定的。后者比前者[①]更具有明显的融合特点,可是二者都符合复杂纯关系类型。雅纳语和萨里南语(Salinan)是表面上很不相同的语言。雅纳语是高度多重综合的,并且相当典型地是黏着的,萨里南语的综合程度可并不超过拉丁语,融合(“屈折”)的强度和不规则性也像拉丁语,但是二者都是纯关系语。契奴克语和塔克尔马语是两种关系很远的俄勒冈州的语言,它们不只在总的结构技术上和综合程度上已经差得很远,并且在差不多所有的结构细节上也已经是这样,然而二者都是复杂混合关系语,虽然样式不同。这一类的事实叫我们更有勇气来猜想:在纯关系和混合关系(或具体关系)的对比上,我们面对的是比孤立、黏着、融合的对比更深远的东西。[②]

① 不管它的比较孤立的外形。

② 在这样一本书里,自然不可能给人以关于形形色色的语言结构形式的适当观念。只能做一些公式性的说明。需要另一本书来给这个公式注入生命。那样的一本书里,可以特别选择一些语言,指出它们的突出的结构特征,让读者能透彻了解显然不同类型的形式格局。

基本类型	II	III	IV	方法	综合程度	例　子
A（简单纯关系的）	—	—	a	孤　立	分　析	汉语、越南语
	(d)	—	a,b	孤　立（有点黏着）	分　析	埃维语（几内亚海岸）
	(b)	—	a,b,c	黏　着（轻度黏着-融合）	分　析	现代藏语
B（复杂纯关系的）	b,(d)	—	a	黏着-孤立	分　析	波利尼西亚语
	b	—	a,(b)	黏着-孤立	多重综合	海达语（印第安）
	c	—	a	融合-孤立	分　析	柬埔寨语
	b	—	b	黏　着	综　合	土耳其语
	b,d	(b)	b	黏着（带象征色彩）	多重综合	雅纳语（北加利福尼亚）
	c,d,(b)	—	a,b	融合-黏着（带象征色彩）	综合（轻度）	经典藏语
	b	—	c	黏着-融合	综　合（轻度多重综合）	修克斯语
	c	—	c	融　合	综　合	萨里南语（西南加利福尼亚）
	d,c	(d)	d,c,a	象　征	分　析	希鲁克语（尼罗河上游）

C（简单混合关系的）	(b)	b	—	黏　着	综　合	班图语
	(c)	c,(d)	a	融　合	分　析（轻度综合）	法语(1)
D（复杂混合关系的）	b,c,d	b	b	黏　着（带象征色彩）	多重综合	奴脱加语(温古华岛)(2)
	c,(d)	b	—	融合-黏着	多重综合(轻度)	契奴克语(哥伦比亚河下游)
	c,(d)	c,(d),(b)	—	融　合	多重综合	阿尔贡巾语
	c	c,d	a	融　合	分　析	英语
	c,d	c,d	—	融　合（带象征色彩）	综　合	拉丁语、希腊语、梵语
	c,b,d	c,d	(a)	融　合（象征特强）	综　合	塔克尔马语(西南俄勒冈)
	d,c	c,d	(a)	象征-融合	综　合	塞姆语(阿拉伯语、希伯来语)

注:括号表示微弱

(1)差不多也可归入D型

(2)很近于复杂纯关系语

第七章　语言，历史的产物：沿流

谁都知道语言是可变的。即使是同一代、同一地、说一模一样的方言、在同一社会圈子里活动的两个人，他们的说话习惯也永远不会是雷同的。仔细考查一下每一个人的言语，就会发现无数细节上的差别，存在于词的选择，句子的构造，词的某些形式或某些组合的相对使用频率，某些元音、辅音，或二者合并时的发音等方面，也存在于快慢、轻重、高低等给口语以生命的方面。可以说，他们说的不是完全相同的一种语言，而是这种语言的各种稍有分别的方言。

但是个人变异和方言变异有重要的不同之处。试举两种有密切关系的方言，比如伦敦"中等阶层"说的英语和纽约人说的英语，我们就能看出，不管同一城市里的各个人说起话来如何不同，伦敦人和纽约人对比起来，各自形成一个稳固的、相对统一的群体。把两个群体的语言互相对比，个人变异就被更主要的、更突出的一致性（如在发音和词汇上）淹没了或吸收了。这就意味着有一种好像是理想的语言实质的东西在统治着每个群体的成员的说话习惯，也意味着每个人在运用语言时所感觉到的那种几乎无限制的自由，实在是受制于一种不知不觉中起指导作用的规范的。一个人可以用他特有的方式来玩弄这规范，另一个人可能在第一个人表现得最突出的地方表现得呆板而平庸，可是在另一方面，他特有的方式又表现得很突出，而第三个人，又是另一个样。个人变异不能达到方言变异的程度，那不只是因为他们总是变得不大（有些颇为显著的方言变异并不大于个人变异），主要的原因在于个人的变异在不知不觉中被用法上的一致性所“矫正”或抵消了。把说同一种方言的人按着他们符合平均用法的程度排列起来，准会形成一个级别很细致的行列，集中于一个很确定的中心或规范。除了要做最最细密的语言研究之外，任何两个在行列中相邻的人[①]的差别都是微不足道的。两极端的成员之间的差别一定很大，简直比得上真正的方言差别。我们所以能说这些非典型的人说的不是另一种方言，是因为他们各自的特点，总加起来，只能归宿到这行列本身的规范，而不是其它的规范。

要是这一行列里的任何成员的言语确能合适地放到另一个方言行列里去[②]，我们就无法在方言（还有语言）之间划出真正的界线来了。我们就只能看到不断的一系列个人变异，布满了整一个历史上形成的语言区，而把这广大的语言区（有时候包括几个洲的各一部分）划分成不同的方言或语言区，就成了一件任意造作的事，除了实用方便之外别无可取。但是，这样看待方言变异和所知事实不相符。可能发现个别的人，他们说一种语言的两种方言的妥协语，如果这种人的数量和重要性不断增加，最后可能创造出他们自己的新方言规范来。在这新方言里，它的双亲的极端特点被

① 只要他们不是在说话上有严重缺陷的人，或是年纪大了才学会这种语言的人。

② 所指的是个人言语的整体，不是把他的发音或用法之中的某一点孤立起来，看它是否和另一种方言的某点相似或相同。

磨灭了。往后，妥协成的方言可以把它的双亲吸收了，虽然更常见的情况是双亲方言无定期的遗留下来，成为扩大了的语言区的边缘形式。这种现象在语言史上未始不常见，但显然不怎么重要。它和社会的发展紧密地联系着，诸如民族的兴起、有超地域性意趣的文学的形成、农村人口的流入城市以及其它一切能打破天真的人习以为常的强烈地方观念的趋势。

原始的方言差别是怎样来的，现在还没有找到解释。单只说，一种方言或语言，只要在两个不同的地点使用，或在两个不同的社会阶层里使用，自然会出现不同的形式，久而久之，就差别到足以称为不同的方言，这显然是不够的，虽然泛泛地这么说也并不算错。方言确是属于一个有明确界限的社会群体的，这个群体的内部一致性足够保证有产生方言规范所需的共同感情和共同目的。但是，麻烦的问题立刻就出现了。如果方言里的个人变异不断地向规范拉平，如果没有显见的趋势叫个人特点创始方言派别，怎么居然会有方言变异呢？语言规范不论在何时何地受到了威胁，难道不会自动地重新振作起来吗？即使两个地点之间完全没有来往，难道两地的个人变异就不会抵消，归到共同接受的语言规范吗？

如果“同一平面上的”个人变异真的是语言唯一的一种变异，我以为就不能解释方言怎么会兴起和怎样兴起，也不能解释语言的一种原型为什么会逐渐分裂成几种互不相通的语言了。但是，语言不是一件只在空间里延展的东西，不是没有时间性的景象在各人头脑中形成的一系列反映。语言自成为一个潮流，在时间里滚滚而来。它有它的沿流。即使不分裂成方言，即使每种语言都像一个稳固的、自给自足的统一体那样保持下来,它仍旧会时时离开任何可以确定的规范,不断发展新特点,逐渐成为一种和它的起点大不相同的语言,一种实际上的新语言。所以,方言的兴起不是由于单纯的个人变异,而是由于两个或更多的群体分隔到一定程度,足以分流下去,或是说,独立地而不是共同地流下去。当它们合在一起的时候,个人变异不管多么大也不能促成方言。当然,实际上没有一种语言能够扩展到广大的领域,即或是稍微大一点的地区,而不现出方言变异。因为人口一多,就不能不分隔成地方群体;每个群体的语言都独立地流下去。在现代文化所显然具备的条条之下,到处都在和地域观念做斗争,以上所说的统一因素不断地反抗着和"纠正"着分裂成方言的趋势。但是,即使在美国这样一个年轻的国家里,方言差别也不是微不足道的。

在原始条件下,政治群体小,地域观念非常强。所以原始人或一般非城市人口的语言都分化成许多方言,这是很自然的。地球上有些地方,几乎每个村子都有它自己的方言。地理上受到局限的社团,生活狭窄而交际频繁,它的言语也相应地是它所独有的。一种语言能在广大地区通行而不孳生方言,是极端可疑的。老的方言一经妥协而被磨平了,或是由于一种文化上占优势的方言的传播而被排挤了,立刻就有一群新方言起来瓦解这拉平作用。希腊所发生的事情正是这样的。在古典时期,希腊有许多地方方言,其中有几种见于文献。随着雅典文化优势的增长,它的阿底克(Attic)方言也传布出去,排挤了其它方言,以至在马其顿称霸以后的所谓希腊时期,阿底克方言的粗俗化了的形式,号称为"普通话"("koine")的,成了全希腊的标准语言。但是这种语言统一[①]没有维持多久。从现代希腊语上溯到它的原型,中隔两千年,其间“普通话”又逐渐分裂成一些方言。如今希腊在语言上还是像在荷马时代那样五光十色,只是现在的地方方言,除了阿底克之外,已经不是亚历山大时代以前的老方言的直系后裔了[②]。希腊的经历并不是例外的。老方言不断被清除,只不过是给新方言腾地方。语言能在语音、形态和词汇的许多关节上发生变化,无怪乎一个语言社团一旦解体,语言会向不同的方向瓦解。指望地域上分散的语言沿着严格平行的路线发展,未免是奢望。如果其中一地的言语开始自发地流动了,它几乎肯定会离开它的伙伴们越来越远。要是没有上面提到的那种方言内部相互影响所起的阻滞作用,一组方言总会分化,每一种都会背离其余的。

久而久之,每一种方言本身又会分为次方言。次方言逐渐取得真正方言的资格,而原来的各种方言,发展成为互不相通的语言。这种萌芽过程会继续下去,直到分化如此之大,以至只有用文献证据和比较法或构拟法武装起来的语言学家才能推论出这些语言是在发生上有关系而又代表着独立的发展路线的,或者说,是来自一个遥远的共同起点的。像现代爱尔兰语、英语、意大利语、希腊语、俄语、阿尔明尼亚语、波斯语、孟加拉语这些很少有相似之点

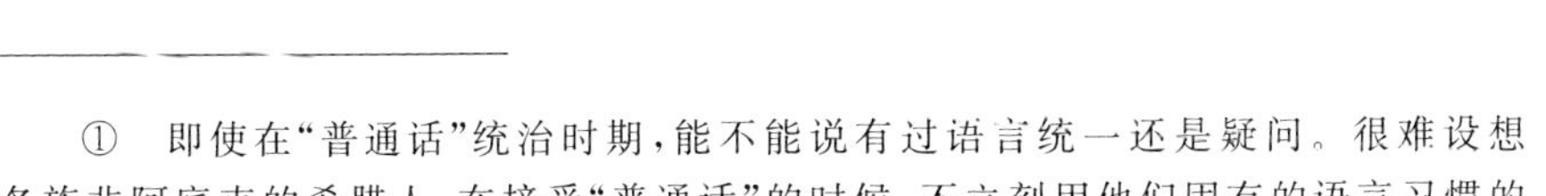

① 即使在“普通话”统治时期,能不能说有过语言统一还是疑问。很难设想各族非阿底克的希腊人,在接受“普通话”的时候,不立刻用他们固有的语言习惯的方言特点来感染它。

② 拉西代蒙(Lacedaemon)的撒空尼耶(Zaconic)方言是唯一的例外。它不是从“普通话”派生的,而是直接从斯巴达的多利克(Doric)方言生长出来的。

的语言,只不过是不同的沿流现今到达的终点。各个沿流在遥远的古代汇合在一起,这件事像任何历史事实一样地真实。我们也没有理由不相信,我们能够部分地构拟出来、部分地隐约推想出来的这种原型印欧语(雅利安语),又是某一语群之中的一个“方言”。这个语群大部分已经灭绝,或是已经变成了一些大不相同的语言,用我们有限的方法已经不能认清它们是亲族了[①]。

已经知道是在起源上有关系的语言,也就是说,从单一原型分出来的各种形式,可以认为是一个“语系”。语系并不是终结。我们建立一个语系,实际上不过是说:我们只能走到这里为止,不能再远了。在研究的过程里,随时可能出现意想不到的一线光明,指出一个“语系”不过是一个更大的语群的一个“方言”。方言、语言、语族、语系,不用说都是纯粹相对的名称。当我们的眼光扩大了或缩小了的时候,名称可以改换[②]。有没有那么一天我们能证明所有的语言都是从一条根上长出来的,那只是虚空的玄想。近年来,语言学家已经能做较广泛的总结,超乎前人一度认为是可行的地步,正像研究文化的人一样,他们已经能证明某些从前认为彼此完全孤立的文化区或文化制度在历史上是有联系的。人类世界正在缩小,不只向前展望是这样,从文化史上向后追溯,眼光所及也是这样。虽然如此,我们现在还远不能把人说的乱哄哄的语言归成少数几个“语系”。我们还必须对付相当多的“语系”。它们之中有

① 印欧语的这些远亲可能是什么,我们并非一无所知。不过这还是争论之点,不宜乎在纯粹通论性质的著作里当做主题来处理。

② “方言”这个名称有时用来和公认的文学规范相对待(指土话——译者),这里不谈。

些分布得很广，如印欧语、印度支那语，有些范围小得出奇，如巴斯克语(Basque)[①]，它很像是一度分布较广的语群的残余。语言的起源是一元的还是多元的呢，事情满可能是这样：作为人类的一种制度(也不妨说作为人类的一种“才能”)，语言在人类历史上只发展过一次，整部复杂的语言史只是单独的一桩文化事业。但是，这种建立在“一般原则上”的理论，在语言科学上没有真正价值。不可证明的事应该让给哲学家和传奇家去说去。

我们应该回过头去谈语言“沿流”这个概念。如果历史上发生的语言改变(细节的变化大量积累，最后使语言完全改变面貌)本质上不同于我们四周随时觉察到的个人变异，如果个人变异随生随灭，一点不留痕迹，而形成语言沿流的改变，同样是细微的，甚至是更细微的，却会永远印在语言历史上，那岂不是把一种神秘的性质归给语言历史了吗？岂不是在个人不由自主地改变语言规范的趋势之外，更赋予语言一种自行变化的力量了吗？再说，语言的沿流如果不就是把通常惯于横着(根据日常经验地)看的个人变异竖着(历史性地)看，它还能是什么呢？语言能存在只因为它是实在使用的——说的和听的、写的和念的。任何重要的改变一开头必须作为个人变异存在，这不容怀疑，但是不能就此说，单只对个人变异做一番详尽的描写研究就能了解[②]语言的总的沿流。个人变异本身只是偶然的现象[③]，就像海水的波浪，一来一去，无目的地动荡。语言的沿流是有方向的。或者说，只有按一定方向流动的

① 通行在法国和西班牙的比利牛斯山区。

② 说“了解”不如说“体会”。着实说，我们现在对它并不完全了解。

③ 当然，最终还不是偶然的，只是相对地如此而已。

个人变异才体现或带动语言的沿流，正像海湾里只有某些波浪的移动才勾画出潮流的轮廓。语言的沿流是由说话的人无意识地选择的那些向某一方向堆积起来的个人变异构成的。这个方向大体上可以从语言过去的历史推断出来。沿流上的任何新特点，最后都会成为共同接受的言语里不可少的一部分，但是在很长一段时间里，它可能只作为少数人（也许是让人瞧不起的少数几个人）的言语里的一种趋势而存在。我们环顾一下流行的语言习惯，大概不会想到我们的语言有一个"坡度"，下几个世纪的变化可以说正在今天的暗流里预先成形，这些变化一旦完成，就能看出它们不过是过去已经发生了的变化的继续。我们只是觉得我们的语言几乎是一个固定的系统，而注定要发生的轻微变化向任何方向移动都可以。这种感觉是错的。正是因为不能预先知道变化的详情，所以最终的方向一致才更能给人深刻的印象。

有时候我们能感觉到沿流会把我们带到哪里去，即使是在和它挣扎的时候也能这样。读我这句话的人大多数也许会觉得说 Who did you see?（你看见了谁?）是不对的①。多念了书的人总还是很小心地说 Whom did you see? 但是又感到这样说有点不舒服（可能是又骄傲又不舒服）。也许会干脆规避这种说法，而说 Who was it you saw? 用庄严的沉默来维持文学传统（whom）②。老百姓可不管这一套。Whom did you see? 用在碑文里或许行，

① who（谁）是主格，whom 是宾格，按严格的语法，这里用 who 是不对的，应该用 whom。——译者

② 在关系子句里，我们也有规避 who 的宾格形式的趋势。我们也许会说 The man that I saw 或 The man I saw 来代替 The man whom I saw（我看见过的那个人）。

可是急着发问时，Who did you see？是自然而然的形式。我们当然必须从不受拘束的老百姓的言语里去探索一般语言动态的预兆。可以大胆地预言，过不了二百年，就是最有学问的法学家也不会说 whom did you see 了。那时候 whom 将成为可爱的古董，就像伊丽莎白时代的当 its（它的）讲的 his（他的）①。根据逻辑和历史来争辩，也挽救不了这无能为力的 whom。I：me＝he：him＝who：whom② 这公式在理论上还是有说服力的，在实用上谁也不管它。

即使在今天，我们就敢说，大多数人都暗地里希望可以说 Who did you see？如果有一位天神出来，不许学究们瞎指责，让人们无所顾忌，大家会在无意识中如释重负。但是，我们不能太公开地走在沿流前面，同时又保持身份。我们必须假装不知道我们会走到哪里去，而甘于忍受心理冲突——不自在地、有意识地接受 whom，又无意识地期望着 who③。这期间，我们可以纵容这隐藏着的愿望，在某些模棱两可的情况下使用这禁用的 who，并在无意识中特别为它辩护，来掩饰我们的错误。设想有人在你没注意听

① Its 一度是和 Who did you see？的 who 同样不礼貌的。它挤进了英语，因为那时无生命和有生命的新分类法正逐渐地、有力地补充着阳性、阴性、中性的旧分类法。前一种分类法太有势力了，它不能允许把阳性的和无生命的合并起来（his）跟阴性的（her）相对待的用法。必须按照 man's（人的）这种样子来创造一个 its，以满足成长中的形式感情。语言沿流已经强到能批准一个语法上的错误。

② I（我），he（他），who（谁）是主格，me，him，whom 是宾格。——译者

③ 精神分析专家会认识这种心理机构。“压抑冲动”的机构和它的象征表现能够在个人或群体心理的最想不到的角落里找到例证。将来会有比弗洛伊特心理学更一般化的心理学来证实这种机构不只在基层本能方面存在，并且能应用到人怎样向抽象形式摸索的方面，和怎样把经验逻辑地和艺术地安排起来的方面。

的时候忽然说:John Smith is coming to-night(约翰·史密斯今天晚上来)。你没有听清这名字,要问个明白,问的是 Who did you say? 而不是 Whom did you say? (你说"是"谁)。选择这形式的时候可能有点迟疑,但是像 Whom did you see? 这样的先例似乎并没有强到足以叫你说 Whom did you say? 语法学家也许会说这不大相干,因为 Who did you say? 并不能严格地和 Whom did you see? 或 Whom did you mean? (你指谁)类比。前者不如说是 Who,did you say,is coming to-night? (谁,你说,今天晚上要来)之类的句子的简化形式。这就是我上文说的特别辩护,它自有它逻辑上的道理。不过实在的情节比语法学家设想的更为虚缈。例如有人问:You're a good hand at bridge,John,aren't you? (你是个桥牌好手,约翰,不是吗?),约翰有点出其不意,也许会糊里糊涂地回答:Did you say me? 不大会说:Did you say I? (你说我吗?),而后者显然是合乎逻辑的(Did you say I was a good hand at bridge? "你说我是个桥牌好手吗?"),关键还是在于 whom 没有足够的活力,不像 me 的能叫人不假思索就越过了这小障碍。I∶me=he∶him=who∶whom 这比例在逻辑上和历史上是健全的,在心理上是动摇的。Whom did you see? 是正经的,可是这正经有点虚假。

我们为什么会那样奇怪地不愿意使用包含 whom 这个词的说法,特别是在提问的时候,这值得我们研究。英语现在用到的清楚的宾格形式不过 me,him,her(有点模糊,因为和所有格 her 相同),us,them,whom 六种。在其它一切情况下,宾格已经变成和主格一样了——就外部形式说,这里不谈句子里的位置。我们立刻能够看出，这六种宾格形式之中，whom 在心理上是孤立的。Me，him，her，us，them 形成一群稳固的、互相团结的宾格人称代词，和 I，he，she，we，they 这一群主格人称代词平行。Who 和 whom 名称上也是“代词”，但是我们觉得它们和人称代词不是一丘之貉。Whom 的地位显然不稳，暴露了侧翼，失群孤雁总是性命难保。此外，应当和 whom 成群的疑问代词和关系代词（which“哪个”，what“什么”，that“那个”）形式上又不分主格和宾格。按形式把 whom 和人称代词划在一边，其它的疑问代词和关系代词划在另一边，心理上不健全。形式的群和功能的群即使不必相等，也该对称。要是 which，what，that 的宾格形式和 whom 平行，后者就安全多了。像现在这样，whom 就有点不美。它所暗示的形式格局是不能把它的伙伴们填进去的。唯一可以挽救这不规则的形式配置的方法，是完全放弃 whom，因为我们已经失去了创造新宾格形式的能力，也不能重塑 which-what-that 这一群，使它和 who-whom 这个较小的群平行。这样 who 就归了队，我们下意识中对形式对称的愿望就得到了满足。我们暗地里觉得 Whom did you see？的冒犯，并不是没有道理的①。

不只如此，还有别的决定因素叫沿流离开 whom。用在问句里的 who 和 whom，心理上不只和代词 which，what 有关系，并且关涉到一群疑问副词——where（哪里），when（什么时

① 要注意它和 whose（谁的）不一样。Whose 在它所处的功能群里虽然没有类似的所有格形式作为支持，但是有一大堆的名词所有格（man's“人的”，boy's“男孩子的”）和某些人称代词所有格（his，its；还有谓语里的所有格 hers“她的”，yours“你的”，theirs“他们的”）支持它；类推势力足以使 whose 有活力。

候),how(怎么样)。这些词都是不变格的,并且一般是音势强的。我以为可以妥当地这样推想:英语有相当强的感情要句子里一般地加重的疑问代词和疑问副词不变格。我们觉得whom的语尾-m使这个词在修辞效果上受到牵累。要使疑问代词发挥全部潜力,就必须删去它。此外,还有第三个原因叫人规避whom。英语里,人称代词的主格和宾格的对比(I,he,she,we,they:me,him,her,us,them)牵连到不同位置。我们说I see the man(我看见这个人),可是the man sees me(这个人看见我);说he told him(他告诉过他),可是从不说him he told或him told he。后两种用法分明是诗句或古语,和英语现在的沿流相反。即使在问话的时候,我们也不说Him did you see?(他你看见过吗?)。如今只有在Whom did you see?这一类型的句子里,才在动词前面用带词尾的宾格。可是从另一方面说,Whom did you see?这样的词序又是必须的,因为是疑问形式;疑问代词和疑问副词的正常位置是句子里的第一位(What are you doing?"什么你在做?"When did he go?"何时你走了?"Where are you from?"从哪里你来?")。可见Whom did you see?的whom隐藏着一种矛盾:使用有语尾的宾格的句子的正常词序,和使用疑问代词或疑问副词的句子的正常词序之间的矛盾。用Did you see whom?或You saw whom?[①]来解

① 除了某些成语性的用法,例如在You saw whom?相当于You saw so and so and that so and so is who?(你看过某人,这某人是谁呀?)这样的句子里,whom说成高调而带着余韵,用来强调听话人刚才提到的人是问话人所不知道或不认识的。

决这冲突，过分违反英语的习惯沿流，不能被接受。更根本的解决办法是 Who did you see? 这正是英语所向往的。

以上说到三种矛盾——形式类别方面的、修辞力量方面的、词序方面的。还有第四种困难也起了补充作用。这个加重说的 whom，拖着它笨重的身躯（半长的元音后面跟着唇辅音），该紧跟着一个轻快的音节，形成对较。但是，说 whom did 的时候，我们会不由自主地延滞一下，叫这说法听起来很“笨拙”。这就从语音上判决了 whom，它不只是因为已经分析过的语法因素而让人不满意了。这种语调上的不称心不会出现在平行的说法 what did 和 when did 之中。What，when 元音较短，末尾辅音很容易溶化在后面的 d 里，说 d 的时候舌位是和 t，n 一样的。对适当的节奏的本能要求使我们难以满意 whom did，就像诗人不愿意在轻快的诗句里使用 dreamed，hummed 一类的词。普通人的感情和诗人的选词都不必是有意识的，各人对言语节奏的敏感程度也未必一样，但是节奏可能是一种无意识的语言决定因素，就是在不关心节奏的艺术使用的人也不例外。无论如何，诗人的节奏只能是更敏感地、更有风格地使用他的同胞们日常说话里特有的节奏趋势。

我们已经发现不下于四种因素叫人隐隐然不愿意说 Whom did you see? 没有受过教育的老百姓坦然地说 who did you see? 他们对语言的真正沿流比语言学者们嗅觉更为灵敏。这四个约束性的因素当然不是各自独立起作用的。大胆地借用机械学的概念来说，它们各自的能“沟通”成为同一股力。这股力，或者说语言的总的沿流在细节上的体现，它在心理上的印证就是说 whom 时的稍微迟疑。这种迟疑可以是相当无意识的，虽然一注意它，立刻会认出来。在正常说话的人[①]，这样的分析肯定是无意识的，或者说是不知道的。那么，怎么能肯定我们的分析里提到的因素都真是起作用的，而不是其中的某一个起作用呢。它们当然不是在所有情况下都同样有力。它们的价值是能变的，一起一落，全得看谁在说话，说什么话[②]。不过它们确实是存在的，每一个都有根据，有时候可以用逐一否定的方法来测验。如果某一个因素不存在时，就看到相应的心理反应（这里是"迟疑"）有所削弱，我们就可以肯定，在用到它的地方它实在是有积极价值的。四个因素之中的第二个只在 whom 用作疑问代词时起作用，第四个因素在 whom 用作疑问代词时比 whom 用作关系代词时更起作用。因此可以了解，为什么 Is he the man whom you referred to?（他是你提到过的那个人吗？）这样一个句子，虽然不像 Is he the man (that) you referred to? 那样合乎习惯，（要记住，它是在第一个和第三个因素上闹别扭的），还不至于像 Whom did you see? 那样难以跟我们对英语说法的感情相调和。假如在用作疑问代词时[③]，消去了第四个因素，比如说 Whom are you looking

① 语言学家对自己的语言的看法不能是完全正常的。也许说"天真的"比说"正常的"更恰当些。

② 方言变异的兴起也许就是由于语言总沿流的重要组合成分上有这种价值变化。每个方言都继承共同母语的总沿流，可是没能坚定保持总沿流的各组成部分的不变价值。对沿流来说，差异积小成大，是不可避免的。

③ 大多数用疑问代词 whom 起头的句子里，whom 后面会跟着 did 或者 does，do。可是也不尽然。

at?（你看谁呐?），紧跟着 whom 的是个元音，解除了它在语音上的负担，那么，要是我没有弄错，我们就不会如此不愿意使用 whom 了；就是欢迎 Who did you see? 的人甚至都会觉得 Who are you looking at? 有点刺耳。

可以大致像下面那样规定“怀疑价值”的等级：

价值 1：因素 1、3 The man whom I referred to.

价值 2：因素 1、3、4 The man whom they referred to.

价值 3：因素 1、2、3 Whom are you looking at?

价值 4：因素 1、2、3、4 Whom did you see?

我们可以大胆猜想，在 whom 最后从英语里失踪之前，Whom did you see? 这样的说法会先已绝迹，而 The man whom I referred to 还能苟延残喘。然而不能说得太确定，因为我们永远搞不清是不是已经把一种沿流的所有决定因素都分析出来了。在本例，我们就忽略了一个因素，非常可能是在 who 和 whom 作为关系代词的历史上起控制作用的。那就是我们无意识中想把这两个词的用法限于疑问功能，而把关系功能的表达集中在 that 或单纯词序上（如 The man that I referred to 或 The man I referred to）。这个沿流不直接关涉到 whom 本身的用法（只关涉到它作为 who 的一种变形的用法），但是可能在影响关系代词 whom 的各个因素走完它们的历程之前，先把关系代词 who 作废了。这样的考虑是有益处的，因为它指出，即使我们对一种语言的一般沿流有所认识，还不足以看清这沿流走向哪里。还需要知道一点这沿流的各个组成部分的相对势力和相对速度。

不用说，我们对 whom 的用法里所包含的几个沿流感兴趣，

并不是为了这些沿流本身，而是因为它们象征着在英语里起作用的更大趋势。至少可以看出三种主要的沿流。每一种都起了几世纪的作用了，每一种都影响到我们的语言机构的别的部分，每一种都差不多可以肯定会再延续几世纪，可能几千年。第一种是我们熟悉的趋势，把主格和宾格抹平，它本身只是印欧语古老的造句变格系统不断简化的过程的最后一章。这个系统在立陶宛语里保存得最好①，在古日耳曼语里已经大大简化，而英语、荷兰语、德语、丹麦语和瑞典语都是古日耳曼语的现代方言形式。印欧语的七个格（称格、属格、与格、受格、离格、处格、具格）在古日耳曼语里已经简化成四个（称格、属格、与格、受格）。这是我们细致地比较了现存的最古老的日耳曼方言（哥特语、古冰岛语、古高地日耳曼语、盎格鲁-撒克逊语）的文献而构拟出来的结果。西日耳曼方言群的最古老而有价值的资料出在古高地日耳曼语、盎格鲁-撒克逊语、古弗里辛语（Frisian）和古撒克逊语。这些语言里还有这四个格，不过表达格变的音节的形式已经大大简化，在某些变格谱里，有的格已经合并了。格变系统大致还是完整的，可是显然趋于进一步解体。盎格鲁-撒克逊语和早期中古英语在这方面更进了一步。表达格变的音节的语音形式更为简化，受格和与格的分别终于消失了。新的"宾格"实际上是旧的受格和与格的化合；例如him（他）这旧的与格（我们现在还说 I give him the book"我给他

① 其实比在最古老的拉丁语和希腊语文献里保存得还要好。就变格形式来说，只有古印度-伊朗语（梵语、古伊朗语"Avestan"）跟它一样接近印欧语系的祖语，或比它更接近些。

这书"，这不是 I give to him"我给于他"的省文，参照哥特语的 imma，现代德语的 ihm）承继了旧受格（盎格鲁-撒克逊语的 hine，参照哥特语的 ina，现代德语的 ihn）和与格的功能。语音变化程序和形态上的拉平使称格和受格的分别逐步消失，以至只剩某几个代词还保持着不同的主格和宾格。

到了中古晚期和现代，格变系统上的变化从表面上看就比较少了，只有 thou—thee（你）和主格的 ye——宾格的 you（你们）逐渐变为一个不分化的 you。然而，这期间，格变系统（名词的主格兼宾格，其实是不变格，和所有格；代词的主格、宾格和所有格）心理上一直在削弱。现在它削弱的程度已经比大多数人了解到的更为严重。除了在代词和有生命名词里，所有格已经没有多大活力了。理论上，我们还可以说 the moon's phases（月亮的盈亏）或是 a newspaper's vogue（某报纸的风气）；实际上，我们几乎只用分析的说法，如 the phases of the moon 和 the vogue of a newspaper。沿流很明显地趋向于把所有格形式限于有生命名词。所有格的代词形式，除了 its（它的），和 their，theirs（它们的）的一部分用法，也都是有生命的。很有意思的是：几乎完全不用 theirs 来代无生命的名词，也有点不愿意用 their；its 也已经开始让位给 of it，the appearance of it 或是 the looks of it（它的样子）比 its appearance 更为流行。更有意思的是：its young（指动物的小崽）倒比 the young of it 更顺口。这个形式只在表面上是中性的，在情感上它是有生命的；心理上它属于 his children（他的孩子们）之类，不属于 the pieces of it（它的碎块）之类。像 its 这样普通的一个词也真的开始叫人为难了吗？难道它也注定要消失了吗？要说它已经现出垂

暮的征象，那未免轻率，不过它正在衰弱下去，那也是相当明显的[①]。无论如何，总可以说有一种很强的趋势使所有格只限于用在有生命的名词和代词。

那么，对代词的主格和宾格的轮替用法该怎么说呢？当然whom是弱不禁风的了，you的这两个格也已经拉平了（据我所知，it，that，what从来没有清楚地分别过这两个格）[②]，her作为宾格也有点不够劲了，因为在形式上它和所有格her相同。尽管这样，难道能怀疑I see the man（我看见这人）和the man sees me（这人看见我）这种轮替用法的活力吗？主格I和宾格me，主格he和宾格him的区别，还有别的代词的相应区别，当然是属于英语的核心的。可以把whom扔给狗吃，也可以想点办法不用its，但是把I和me拉平成一个格，不是把英语弄得不像英语，无从认识了吗？沿流上看不出Me see him或I see he这样的凶兆。是的，I和me，he和him，we和us之间的语音差别太大了，形式上的拉平是不大可能的。可是不能就此说格的区别本身还有活力。一个语言沿流的最阴险的特点之一是在碰到路上有不能消灭的障碍的时候，就会把它消毒，把它原有的意义冲洗掉。它会利用它的敌人。这就把我们引到第二个主要沿流上来了，这就是凭词的造句关系来固定它的位置的那种趋势。

我们不必研究这个非常重要的沿流的历史。知道下面这一点

① 假若its最后淘汰了，它也算经历了一段奇怪的历史。上承非人称用法的his（见150页脚注①），下启分析的of it，它只在中间填缺而已。

② 除非that在它原有的功能之外又吸收了别的功能。起先它只是称格兼受格，中性。

就够了：英语的屈折形式越来越少，词本身的形式越来越不足以表达造句关系，句子里的位置就逐渐接管了原来不属于它的功能。The man sees the dog（这人看见这狗）里的 man（人）是主格，the dog sees the man（这狗看见这人）里的 man 是宾格。和这两个句子完全平行的有 he sees the dog（他看见这狗）和 the dog sees him（这狗看见他）。He 的主格价值和 him 的宾格价值完全依仗，或主要依仗形式差别吗？我怀疑。要是能说 the dog sees he 或者 him sees the dog，我们才能坚持这样的看法。有一度我们是能这样说的，现在不能了。换句话说，he 和 him 所以能给人以格的感觉，至少有一部分应该归功于它们的位置，在动词的前面或后面。那么，能不能说 he 和 him，we 和 us 不见得是主格和宾格，而只能算作用在动词前的形式和用在动词后的形式呢[①]？就像 my 和 mine 现在只是所有格的用在名词前的和用在名词后的形式那样（my father"我爸爸"和 father mine"爸爸，我的"；it is my book"那是我的书"和 the book is mine"那书是我的"）。老百姓的言语正显出这种解释是符合英语的实在沿流的。老百姓说 it is me（那是我），不说 it is I；后者是"正确"的，可是正和我们分析过的 whom did you see？一样，是假正经的。I'm the one，it's me（我是那人，那是我）；we're the ones，it's us that will win out（我们是那些人，是我们最后会胜利）——这些是现今英语里有生命的平行格

① 除了疑问式 am I？（是我吗？），is he？（是他吗？）。重音也有关系。有一种很强的趋势要求把古老的"宾格"形式说得比"主格"形式重。这就是为什么 He didn't go，did he？（他没有去，是吗？），isn't he？（不是他吗？）一类的说法里要把重音推回到动词上去；这是和逻辑重音不相干的。［重音在 did 和 isn't 上。——译者］

式。几乎没有疑问,it is I会有一天变成不可能的,正像法语不说c'est je(这是我),只说c'est moi。

I∶me现在给人的感觉和乔叟时代多么不同,可以从乔叟式的it am I看出来。那时I的明显主格状态足以影响前面的动词的形式,尽管有句首的it。乔叟的说法清楚地让人感觉到它更像拉丁语的sum ego,不那么像现在的it is I,或口语的it is me。我们还有一个小小的奇怪的证据来说明英语的人称代词已经失去了一部分原有的造句力量。He和she如果真是纯粹的主格形式,而不是在挣扎着变成像man(人)或任何别的名词那样的绝对形式,我们就不可能铸成像he-goat(公山羊),she-goat(母山羊)[①]这样的复合词了;这样的词在心理上是和bull-moose(公麋鹿)、mother-bear(母熊)[②]同类的。再说,我们问起新生孩子的时候,会说Is it a he or a she?(是一个他还是一个她?),就好像he和she等于male(雄)和female(雌)、或boy(男孩)和girl(女孩)。总而言之,我们可以下这样的结论:英语的变格系统比表面看来要薄弱,并且不管通过什么途径,它注定会简化成(不变格的)绝对形式,有生命的名词和代词除外。有生命的名词和代词一定会在相当长的时期内保持清楚的所有格形式。

现在可以看到老的一套变格形式正在受到两个新范畴的侵袭——一个是位置范畴(用在动词前的、用在动词后的),一个是类别范畴(有生命的、无生命的)。在所有格上,有生命的名词和代词

① 按字源翻译是“他—山羊”、“她—山羊”。——译者

② 按字源翻译是“公牛—麋鹿”、“母—熊”。——译者

注定了要越来越清楚地和无生命的名词和代词分家（the man's“人的”，但是 of the house“屋子的”；his“他的”，但是 of it“它的”）。一般地说，也只有有生命的代词才分动词前的形式和动词后的形式[①]。这两件事合起来看，有极大的理论价值。它们指出，尽管英语越来越趋向于分析形式，它一点也没有显出印度支那语式的、表达“纯”关系概念的沿流[②]。它坚决保持关系概念的具体性，这种力量显然胜过我们所知道的英语史上的和史前期的最强大、最持久的沿流的破坏力量。

废除绝大多数的变格分别的沿流和与此相关的、把位置作为最重要的语法手段的沿流，是有第三个沿流伴随着的，从某种意义上说是被它笼罩着的。那就是趋向于不变的词的沿流，上文也提到过。上文分析用 whom 的句子时，我曾经指出，一个疑问代词所天然具有的修辞上的分量，由于形式上的变化（who，whose，whom）而受到损失。英语力求达到观念和词之间的简单朴素的对应，词越是不变越好。从此可以说明几种乍看起来好像是互不相关的趋势。某些根深蒂固的形式，如 works（工作）的表达现在时第三身单数的-s，和 books（书）的表达复数的-s，抗拒了趋向于不变的词的沿流，它们可能象征着某种更强的、可是我们现在还不充分了解的对形式的留恋。值得注意的是，凡是派生的词离开了根本词的具体观念，足以自成为独立的概念核心时，就不会受到这种捉摸不定的沿流的影响。派生词一开始叫人觉得只是在基本概

① They：them 用作无生命代词的时候，可以看做是借用有生命的，在感情上它更应属于有生命的一类。

② 见 138—139 页。

念上加上某种色彩，只是在基本概念上玩花样，就被根本词所吸收，不成为派生词了。英语的词要求彼此之间有相当的距离，它们不喜欢把几个只有细微分别的意义中心挤成一簇，彼此之间只离开一点点。Goodness（善、好意）是一个表达品质的名词，差不多是一个表达关系的名词，它是从 good（好）这具体观念引申出来的，可是又不一定陈述 good 这品质（如 I do not think much of his goodness“我对他的善意不抱多大希望”），所以它和 good 之间有足够的距离，不必害怕被吸收。同样地，unable（不能）可以对 able（能）保持独立，因为它打破了后者的势力范围；心理上，unable 和 able 的不同就像 blundering（莽撞），stupid（低能）和 able 的不同一样。带-ly 的副词就不是这样了。它们过分依赖它们的形容词，不具备英语要求它的词所应有的那种活力。Do it quickly!（快做！）在心理上不免是拖泥带水的。Quickly 所表达的色彩和 quick 过分相近，它们的具体性的幅度也太相一致，以致这两个词不能相安无事。在不太远的将来，带-ly 的副词也许会因此碰壁，尽管它们显然是有用的。还有这一群词也是由于不耐烦细致的色彩而牺牲有用的形式的例子：whence（从哪里），whither（向哪里），hence（从这里），hither（向这里），thence（从那里），thither（向那里）。它们不能活到现在，因为过分侵犯了 where（哪里），here（这里），there（那里）这几个词的意义范围。我们敏锐地感觉到说 whither 就是重复了 where 所有的一切。给 where 加上一种重要的色彩，让它指方向，并不叫人满意，反而叫人厌烦。我们宁愿把常住的和有方向的混同起来（Where do you live?“你住哪儿？”和 Where are you going?“你去哪儿？”一样），或者在需要强调方向时做得过分一点（Where are you going to? “你往哪儿去？”）。

其实我们并不反对色彩本身，只是反对把它们用形式标明出来，从此大可以看出要规避词簇这沿流的性质。英语的词汇实际上富于相近的同义词和一群群心理上互相接近的词，不过它们并不因词源关系而纠缠在一起。Believe（相信）和 credible（可信的）叫我们满意，只因为它们彼此疏远。Good 和 well（好）也比 quick 和 quickly 合得来。英语的词汇是丰富的杂凑，因为英语的每一个词都要有自己的城府。长期以来，英语特别容易吸收外来词，那是因为它尽可能多地划出词的小块块呢，还是反过来说，因为机械式地强加上成批成批的早期传统里不生根的法语和拉丁语借词，以至我们对祖语资源所能发挥的作用麻木不仁了，让它们因失用而萎缩了呢？我想这两种说法都是对的，它们相互为用。但是，我不认为英语借用外来词是像一般看来那样的机械式的、外表的过程。一经诺曼人征服，英语本身的沿流上就像发生了点什么，叫它欢迎新词。新词补偿了它内部正在削弱的那点东西。

第八章　语言，历史的产物：语音规律

以上，我不愿意抽象地谈语言变化，而宁可比较详细地分析我们在使用 Whom did you see? 这一类说法时表现出来的迟疑不决的情况，并指出这种迟疑里暗含着英语的特殊的和一般的沿流。这句话有它的沿流，语言里其它一切都有自己的沿流。没有任何东西是完全固定的。每一个词、每一个语法成分、每一种说法、每一种声音和重音，都是一个慢慢变化着的结构，由看不见的、不以人意为转移的沿流模铸着，这正是语言的生命。无可争辩，这沿流有一定的方向。它的速度往往由于不容易确定的情况而起很大变化。我们知道，今天的立陶宛语比我们所构拟的公元前五百年或一千年的日耳曼语祖语还近于印欧语的原型。德语比英语变动得慢，有些方面它大致还处在英语和盎格鲁-撒克逊语中间，别的方面它当然已经脱离了盎格鲁-撒克逊语的路线。我在前一章里指出，方言的形成是由于一种语言分裂成地方片断之后，就不能在所有的片段里顺着同一沿流流动，我的意思当然是说它不能顺着一个绝对同一的沿流流动。一种语言的总沿流有它的深度。表层的速度比较大。某些情节上，方言分流得很快，正说明这些情节在语言本性上只占比较非基本的地位，不比变得较慢的情节，那是远在方言已经变成互不相识的形式之后还能共同保持下来的。还不只这样。比较基本的、在方言产生以前就进行着的沿流时常有这样的动态：早就断绝了关系的语言会经历同一的，或非常相似的变相。许多这样的事例里，完全可以看出，绝没有过方言的相互影响。

沿流上的这种平行现象可以发生在语音方面，也可以发生在形态方面，还可以同时发生在两方面。这里举一个有趣的例子。英语的复数形式 foot（脚）：feet（复数），mouse（鼠）：mice（复数）严格地平行于德语的 Fuss：Füsse，Maus：Maüse。也许有人会猜测，这些方言形式可以上溯到古日耳曼语或西日耳曼语里的同样的变换。但是文献肯定地证明，原始日耳曼语不可能有这样的复数。最古的日耳曼语，哥特语，没有这种元音改变（umlaut）的痕迹。更重要的是，在最古的古高地德语文献里它还没有出现，直到古高地德语最后期（公元 1000 年左右）它才开始发展。在中古高地德语里，这种变化贯彻到了所有的方言。典型的古高地德语形式是：单数 fuoss，复数 fuossi[①]；单数 mus，复数 musi。相应的中古高地德语形式是 fuoss，füesse；mus，müse。现代德语的 Fuss：Füsse，Maus：Maüse 是这些中古形式的有规律的发展。再看盎格鲁-撒克逊语，我们发现现代英语形式相应于 fot，fet；mus，mys[②]。现存的最早的英语碑文（第八世纪的）已经使用这些形式，比中古高地德语形式早三百年或者更多一些。换句话说，在这一点上德语用了至少三百年才赶上英语里久已进行着的语音-形态

① 我稍微改变了古代和中古高地德语的正字法，以便和现代的用法一致。这纯粹是写法上的改变，无关紧要。mus 的 u 是长元音，很近于英语 moose 里的 oo。

② 这四个词的原音都是长的，o 如 rode 里的 o，e 如 fade 里的 a，u 如 brood 里的 oo，y 如德语的 ü。

的沿流。[①] 在相关的词里，所改变的元音(古高地德语的 uo，盎格鲁-撒克逊语的 o)并不总是同一个，这件事本身就说明德语和英语的这种变化发生在不同的时期[②]。显然有某种一般的趋势或某组一般的趋势，远在英语和德语发展成英语和德语以前就在早期的日耳曼语里起作用，终于促使这两种方言走上密切平行的道路。

像 fot:fet，fuoss:füesse 这种非常特别的变换是怎样发展的呢？这就提到了也许是语言史上最中心的问题，语音的逐渐变化。“语音规律”这问题占了语言学内容的一大部分而且是基本部分。它的影响远超出语音学本身的范围之外，侵入了形态学的范围，我们下文就会看到。一种沿流，从语音的轻微调整或扰动开始，会在几千年的历程中引起最深刻的结构变化。例如，只要有一种成长着的趋势，自动地把重音放在词的第一个音节上，就会改变语言的基本类型，使词的最后音节缩减到没有，并促使这种语言越来越多地采用分析法或象征法[③]。从早期的西日耳曼原型 fot，foti，mus，musi[④] 发生 foot，feet，mouse，mice，其中所包含的英语语音规律可以概述如下：

① 不如说沿流的一个阶段。

② 盎格鲁-撒克逊语的 fet 是更古的 föt“非圆唇化”的结果，后者在语音上和 fot 的关系，正如 mys(即 müs)之于 mus。中古高地德语的 üe(现代德语的 ü)不是由古高地德语的“变化了的”(umlauted)原型 uo 和盎格鲁-撒克逊语的 o 发展来的，而是直接以方言的 uo 为基础的。未经变化的原型是长 o。要是在日耳曼时期或西日耳曼时期的最早阶段发生这个变化，就该在先德语的时期出现 fot:föti 那样的变换，而这较古的 ö 不大可能变成 üe。这里，我们幸而可以不必使用推论出来的证据；然而，推论比较的方法如果小心地掌握，可以是非常有用的。语言史专家其实不能不用它。

③ 见 123 页。

④ 原始日耳曼语 fot(s)，fotiz，mus，musiz；印欧语 pods，podes，mus，muses。第一个音节的元音都是长的。

1. foti（“脚”复数）的 o 为后面的 i 所感染，变成长 ö，也就是 o 保持它的圆唇品质和舌的中高位置，但是预先摆好 i 的舌前位置；ö 是妥协的结果。这种同化是有规则的，就是说，带重音的长 o，如果后面一个音节里有 i，就自动地发展成 ö。所以 tothi，（“牙”复数）变成 töthi，fodian（喂）变成 födian。起初，o 和 ö 的变换无疑是没有什么真正意义的。它只能是一种无意识的机械式的调整，就像许多人现在把 you（你）和 few（少）的 oo 音变得近乎德语的 ü，可是又不离开 oo 元音到足够的地步以至 who 和 you 不再能合适地押韵。后来 ö 和 o 在品质上离得够远了，于是 ö 被意识到了①，清楚地变成了不同的元音。这事一经发生，föti、töthi 和同类的词的复数表达就不只是融合的，而是象征的和融合的了。

2. musi（“鼠”复数）的长 u 为后面的 i 所感染，变成长 ü。这种变化也是有规则的；lusi（“虱子”复数）变成 lüsi，kui（“母牛”复数）变成 küi（后来简化成 kü，现在还保存为 kine 的 ki-），fulian（玷污）变成 fülian（现在还保存为 defile 的-file）。这个语音规律的心理表现完全和上文 1. 一样。

3. 这时，出现了一种古老的沿流，缩减最末的音节，这是日耳曼语把强重音加在第一个音节上所产生的节奏的结果。末尾的-i，本来是一个重要的功能成分，这时已经失去很大一部分价值，因为转移给了象征性的元音改变（o：ö），所以它对这沿流已经没有多大抵抗力。它钝化了，成为无色彩的-e；föti 变成了 föte。

4. 这软弱的-e 最后消失了。也许 föte 和 föt 这两种形式同时

① 或是出现在无意识的声音格局里，随时都可能转为有意识的。见 56 页。

存在过好久，按着句子的节奏要求作为语调上的变体，很像如今德语里并存的 Füsse 和 Füss。

5. föt 的 ö“非圆唇化”了，变成长 e（如今 fade 的 a），fot：foti 这样的变换，经过 fot：föti，föte，föt，这时变成 fot：fet。同样地，töth 成为 teth，födian 成为 fedian，后来又成为 fedan。新的长 e 元音和早已存在的，较老的 e 元音（如 her“这里”，he“他”）“合伙”了。此后它们就分不开了，历史相同了。因此现在的 he 和 feet，teeth，feed 同元音。换句话说，旧的声音格局 o，e，经过 o，ö，e，重新出现为 o，e，只是这时的 e 比从前“比重”大了。

6. Fot：fet，mus：müs（写做 mys）是盎格鲁-撒克逊文献的典型形式。在盎格鲁-撒克逊时期的末了，约公元 1050—1100，不论是长 ü 还是短 ü，都非圆唇化，成为 i。Mys 就说成 mis（i 是长音，可以和现在的 niece“侄女”押韵）。这个变化和上文 5. 一样，只是晚出现了几个世纪。

7. 乔叟时代（约公元 1350—1400）的形式还是 fot：fet（写做 foot，feet）和 mus ：mis（有好几种写法，典型的是 mous，myse）。公元 1500 年左右，所有的长 i 元音，不论是原来的（如 write，ride，wine 的 i）还是从盎格鲁-撒克逊 ü 非圆唇化来的（如 hide，bride，mice，defile 的 i）都二合化了，成为 ei（即 met 的 e 加短 i）。莎士比亚把 mice 说成 meis（和现在伦敦东城“Cockney”说 mace 差不多）。

8. 大约在同一个时期，长 u 元音也二合化了，成为 ou（即今日苏格兰话 not 的 o 加 full 的 u）。乔叟式的 mus：mis 变成莎士比亚式的 mous：meis。这变化可能出现得比上文 7. 稍晚。在 7. 里，所有的英语方言都把古日耳曼语的长 i 二合化了[1];但是在 8. 里,平地苏格兰话还保存没有二合化的 u,house 和 mouse 跟我们的 loose 押韵。7. 和 8. 是同类的发展,正如 5. 和 6.;8. 显然落在 7. 后面,就像几世纪以前 6. 落在 7. 后面[2]。

9. 公元 1550 以前不久,fet(写做 feet)的长 e 取得了过去的长 i 空出来的位置(长 i 已经二合化了,见上 7.),也就是说,e 占了 i 的较高的舌位。所以现代的(也是莎士比亚的)“长 e”在发音上和从前的长 i 一样。这时的 feet 可以和从前的 write 押韵,也可以和现代的 beat 押韵。

10. 大约在同一个时期,fot(写做 foot)的长 o 取得了过去的长 u 空出来的位置(长 u 已经二合化了,见上 8.),也就是说,o 占了 u 的较高的舌位。现代的(也是莎士比亚的)“长 oo”在发音上和从前的长 u 一样。这时的 foot 可以和从前的 out 押韵,也可以和现代的 boot 押韵。把 7. 至 10. 总括起来,莎士比亚说 meis, mous, fit, fut,其中 meis 和 mous 我们听起来好像是细声细气地说现在的 mice 和 mouse,fit 几乎和现在的 feet 一样(或许稍微“模糊”一点),而和 boot 押韵的 foot 现在只能认为是“沉浊的苏格兰话”(broad Scotch)了。

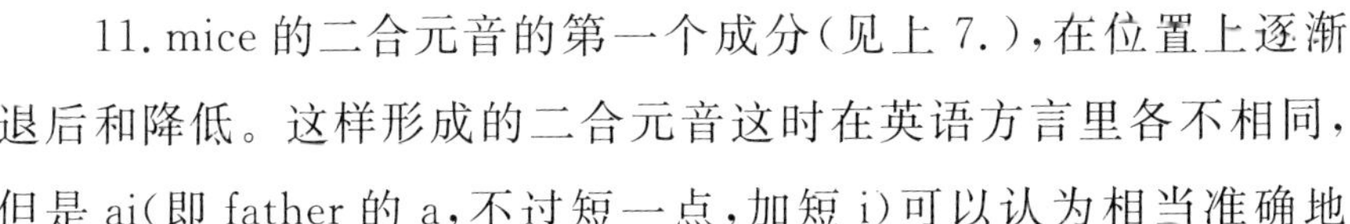

11. mice 的二合元音的第一个成分(见上 7.),在位置上逐渐退后和降低。这样形成的二合元音这时在英语方言里各不相同,但是 ai(即 father 的 a,不过短一点,加短 i)可以认为相当准确地

① 绝大部分荷兰语和德语方言也是这样。

② 本节“8. 大约在同一个时期”和“8 显然落在 7 后面”是自相矛盾的。又“6 落在 7 后面”的“7”似当是“5”。——译者

代表它的平均品质[①]。我们今天所谓“长 i”(如 ride,bite,mice 的 i)当然是个 ai 二合元音。Mice 现在说成 mais。

12. 和上 11. 相似,mouse 的二合元音的第一个成分(见上 8.)也非圆唇化了、位置降低了。这样形成的二合元音,虽然在方言里音质上也有相当大的差别,可以说是 au。Mouse 现在就说成 maus。

13. Foot 的元音(见上 10.)音质上变得较“开”,音量上变得较短,就是说,和 full,wolf,wool 等词的短 u 元音混而为一。这种变化已经发生在某些原来带长 u(乔叟式的长而“闭”的 o)的词里,例如 forsook,hook,look,rook,shook,它们本来都有和 boot 一样的长元音。但是先前的 u 音还保存在大多数这一类的词里,例如 fool,moon,spool,stoop。有几个词在现代方言里还摇摆不定,可以听到用 boot 的“长”元音或是 foot 的“短”元音来说 roof,soot,hoop。从这种富有意义的现象可以看出“语音规律”逐渐展开的性质。换句话说,现在还不能肯定决定着从前的 foot(和 boot 押韵)变成现在的 foot 的“语音规律”到底是什么。我们知道沿流有力地趋向 foot 的短的、“开”的元音,但是不能武断地说本来带“长 oo”的词终于都会受到影响。要是它们全部,或差不多全部,都被这个沿流卷进去,语音规律 13. 就和前面十二个规律里的大多数一样,是“有规则的”、不可抵挡的。要是不,那么,如果过去的经验是可靠的话,我们最后还可能证明受到影响的词在音理上自然成为一组,就是说,这“规律”是在某种可以确定的约制条件下起作用

① 至少在美国是这样。

的。那就是，凡是用无声响的辅音(p,t,k,f 等)结尾的词都受到影响(如 hoof,foot,look,roof)，凡是用 oo 元音或有声响的辅音结尾的词都不受影响(如 do,food,move,fool)。不论最后结果怎样，我们有理由肯定，当这“语音规律”走到尽头的时候，旧的 oo 词的 oo 分化为“长”元音和“短”元音，不会像在如今这过渡时期那么随便[①]。我们偶然从这里看到这基本事实：语音规律不是像自动的机器那样起作用的，规律只是已经完成的沿流的一个公式，这沿流开始在心理上暴露之点插进来，逐渐钻到一系列音理上可以类比的形式里去。

下面开列一张形式顺序表，当做 foot,feet,mouse,mice 这些词 1500 年来的简史，也许不无教益[②]。

一、fot：foti；mus：musi(西日耳曼语)

二、fot：föti；mus：müsi

三、fot：föte；mus：müse

四、fot：föt；mus：müs

五、fot：fet；mus：müs(盎格鲁-撒克逊语)

六、fot：fet；mus：mis(乔叟式)

七、fot：fet；mous：meis

八、fut(押 boot)：fit；mous：meis(莎士比亚式)

九、fut：fit；maus：mais

十、fut(押 put)：fit；maus：mais(英语，1900)

① 这些元音的历史上，可能还有别的因素起作用，不只是纯粹的语音因素。

② 表里的写法大致是按语音的。除了另外指明的地方，重元音都是长的，其余是短的；元音的音值是大陆式的，不是现代英语式的。

原来的西日耳曼语形式怎样变成现代德语的对应形式，跟它们在英语里的亲族分家，那些语音规律不必在这里列举。下表大致举出德语的形式顺序①。

一、fot：foti；mus：musi（西日耳曼语）

二、foss：②fossi；mus：musi

三、fuoss：fuossi；mus：musi（古高地德语）

四、fuoss：füessi；mus：müsi

五、fuoss：füesse；mus：müse（中古高地德语）

六、fuoss：füesse；mus：müze③

七、fuos：füese；mus：müze

八、fuos：füese；mous：möüze

九、fus：füse；mous：möüze（路德式）

十、fus：füse，maus：moize（德语，1900）

要想探讨那些隐藏在这两个文文雅雅的表后面的全部心理问题，简直无从着手。它们的一般的平行现象是显而易见的。可以

① 除"一"外，德语表的号数和英语表的号数在时间上并不相应。写法也是大致按语音的。

② 我用 ss 指一个特别长的无声响的 s 音，它在字源和语音上都不同于古日耳曼语的 s。它一定可以上溯到古代的 t。在古代文献里，它一般写成 z 的变体，可是不能把它和现代德语的 z（= ts）混为一谈。它也许是个齿化 s（大舌头的）。

③ z 应当做法语和英语的 z 看，不是德语的 z。严格地说，这个 z（元音之间的-s-）不是有声响的音，而是软的无声响的音，介于英语的 s 和 z 之间的咝音。如今，在北德语里，它变成了有声响的要 z。小心别把这 s—z 跟不久以后从更古的大舌头 ss 音发生的居于元音之间的无声响 s 混为一谈。现代德语里（某些方言除外），古 s 和 ss 要是出现在词尾就没有分别（Maus 和 Fuss 有同一咝音），要是出现在元音之间，就分别为有声响的（Mäuse）和无声响的（Füsse）。

说,今天的英语形式和今天的德语形式相像的程度,超过它们各自和西日耳曼语原型相像的程度,而它们都是从这原型独立发展来的。两个表都显出缩减非重音音节的趋势,都显出根本成分受到后面元音的影响而发生的元音音变,也都显出长的中元音舌位的提高(英语 o 到 u,e 到 i;德语 o 到 uo 到 u,üe 到 ü)和古老的高元音的二合化(英语 i 到 ei 到 ai;英语和德语 u 到 ou 到 au;德语 ü 到 öü 到 oi)。这些方言平行现象不可能是偶然的。它们都根源于一个共同的、早于方言的沿流。

语音改变是"有规则"的。表上所列各个语音规律,除了一个至今没有完成(见英语表十),其它的都影响到有关各该声音的一切例子;如果语音改变是有条件的,那么,规律就影响到处在可以类比的情况下的语音的一切例子①。第一类变化的例子是:英语的古老的长 i 元音全都二合化了,通过 ei 变成 ai。这个过渡不大可能是突然的或自动的,可是也快得足以防止有交错的沿流插进来使发展不规则。第二类变化的例子是:盎格鲁-撒克逊语的长 o 在后面的 i 的影响下,通过 ö 发展成长 e。可以说,au 机械式地代替了长 u 是第一类情况;古老的长 o"分裂"成两个音——长 o 和长 e,最后变成 u 和 i 是第二类情况。前一种变化不破坏原来的语音格局,即按形式把声音归类;后一种变化稍微调整了这格局。如果旧音所"分裂"成的两个音都不是新的音,那就是出现了语音拉

① 实际上语音规律有例外,但是比较深刻地研究它,差不多总能发现这些例外不过表面上是这样,其实不是。它们一般是由于形态结合上发生了扰乱的影响,或是由于特殊的心理原因抑制了语音沿流正常的发展。除了"类推拉平"(形态上的代替)以外,语言史上遇到的例外那么少,这是值得注意的。

平的现象，两组原来不同声音或不同声音组合的词合成一组了。这样的拉平是语言史上时常出现的，例如我们已经看到，英语里古老的长 ü 元音，在非圆唇化以后，和用得很多的长 i 元音分不清了。也就是说，长 i 元音在语音格局里的比重更大了。奇怪的是，语言往往要把本来不同的声音赶到某些爱用的位置上去，不顾因此造成的混乱①。例如，现代希腊语的 i 元音是不下于十个起源不同的古典雅典语的元音（长短都有）和二合元音的历史结局。所以，我们有很好的证据来说明，存在着趋向于特种声音的普遍沿流。

语音沿流往往是更具有一般性的。它不是趋向于某几个声音，而是趋向于发音的某几种类型。所有元音都趋向于变得高些或低些，二合元音都趋向于合成单元音，无声响的辅音都趋向于变成有声响的，塞音都趋向于变成摩擦音。其实，上面两个表里列举的语音规律，差不多都是这样的更深远的沿流的特殊表现。例如，英语的长 o 高升为 u，长 e 高升为 i，是把长元音的位置提高这一般趋势的一部分，正像古高地德语的 t 变成 ss，是把古代的无声响的塞辅音变成无声响的摩擦辅音这一般趋势的一部分。即使没有语音的拉平，单只一个音的改变也有推翻原来的语音格局的危险，因为它把声音的分组弄得不谐和了。要想重新建立旧的格局而在沿流上不走回头路，唯一可能的办法是叫同一组里的其它声音按类化的方式移动。假如，由于某种原因 p 移动了，变为和它相应的

① 这些混乱只是理论上的，不是实在的。语言会用无数方法来避免使用上的彼此不分。

有声响的 b，原来的一组音 p，t，k 就显出不平衡的形式 b，t，k。这样的一个组在语音效果上和原来的一组不相等，虽然在词源上还是和它相应的。总的语音格局就这样受到了损害。可是，如果 t 和 k 也移动了，变为和它们相应的有声响的 d 和 g，原来的一组就以新的形式重建起来了，即 b，d，g。格局本身保全了，或恢复了。只要是新的一组 b，d，g 不跟从另一个历史来源传下来的，原有的一组 b，d，g 相混杂。要是没有这原来的一组，创造新的 b，d，g 不会惹麻烦。要是有，那只有把它移动一下才能保持旧的声音格局。原有的 b，d，g 可以变为送气的 bh，dh，gh，或是擦音化了，或是鼻音化了，还可以发展任何别的特点，只要能保持为一个组，和别的组有区别。这样的移来移去而不丧失格局，或是只有最低限度的丧失，也许是语音史上最重要的趋势。语音的拉平和"分裂"可以和它对抗，但总的说来，它不失为中心的无意识的因素，调节着语音变化的方向和速度。

为了坚持格局而用很复杂的一大串补充性的变化来"纠正"某一点上的扰乱，往往会延续几个世纪，甚至几千年。语言的这些精神暗流，无可否认是历史现实，但是极难从个人心理上去理解它。什么是叫语音格局动摇的基本原因，哪一股聚积起来的力量会选择这些或那些个人变异来负担重整格局的任务，我们几乎一无所知。许多语言学家犯了致命的错误，以为语音变化是一种半生理性的现象，而不是严格的心理现象，或是炫耀一些口号来把问题搪塞过去，如"发音更加容易的趋势"、"错误认识所积成的结果"（比如说，小孩学话时犯的错误）。这样便当的解释顶不了事。"发音容易"可能是一个因素，然而它最多也不过是主观的概念。我们认为是简单的声音或是声音组合，印第安人会觉得难到无可奈何；一种语言会鼓励某种语音沿流，而这正是另一种语言所竭力抵拒的。“错误的认识”不能解释我上文坚决提出来的那种给人以深刻印象的语音沿流。最好还是承认我们现在还不了解语音的缓慢沿流的基本原因(一个或不止一个)，虽然我们往往能指出一些起作用的因素。可能在没有研究语言的直觉基础以前，我们不会有多大进步。我们还没有想到要研究语音格局本身，以及这些格局里的各个成分(一个个的语音)的“比重”和精神关系，怎么能了解那种会磨灭和重建语音格局的沿流的本质呢？

每一个语言学家都知道语音变化时常引起形态上的重新布置，但是他往往会假定形态很少或完全不影响到语音历史的趋向。我以为，如今的趋势，把语音和语法孤立起来当做互不相关的语言学领域，是一件不幸的事。它们之间和它们各自的历史之间可能有基本关系，只是我们现在还没有充分掌握而已。归根到底，如果语音的存在只是因为它们是要表达的概念或概念组的符号媒介，为什么概念世界的某种强有力的趋势或某种永恒不变的特征不能对语音沿流起促进或阻碍作用呢？我相信这样的影响是可以证明的，它们应该受到远比迄今为止更仔细的研究。

这又使我们回到尚未解答的问题：英语和德语怎么会出现这样奇怪的变换呢，即单数中不变的元音(foot，Fuss)和复数中要变的元音(feet，Füsse)的变换？先于盎格鲁-撒克逊语的 fot 和 föti 的变换完全是机械式的，只有偶然的形态学意义吗？向来是这么讲的，表面事实确实都支持这种看法。从 o 变到 ö 再变到 e，并不是复数独有的。在与格单数 fet 里也有它，因为 fet 也来自一个较古的 foti。并且复数的 fet 只用在称格和受格，生格用 fota，与格用 fotum。只有在几世纪以后，o 和 e 的变换才有了另一种解释，成为区别单数复数的手段，o 推广到所有的单数形式，e 推广到所有的复数形式。只有当这种形式上的重新分配[①]出现以后，foot：feet 变换这种现代符号价值才明确地建立起来。再说，我们也不该忘记，在各种各样别的语法结构和派生结构里，o 都变成 ö(e)。例如，先于盎格鲁-撒克逊语的 hohan（后来是 hon，"吊起来"）和 höhith，hehith（后来是 hehth，"吊起来"第三身单数）相应；dom（厄运），blod（血），fod（食物）和派生动词 dömian（后来是 deman，"判决"），blödian（后来是 bledan，"流血"），födian（后来是 fedan，"喂"）相应。所有这些现象好像都指出 o 到 ö 到 e 这变化的纯机械性。有这么多互不相干的功能最后都要用到这元音变换，我们不能相信它是由它们之中的任何一个促成的。

德语的情况完全可以类比。只有到了这语言的历史的后期，元音变换才用来表达单复数。然而还是可以看看下面的事实。Foti 变 föti 早于 föti 变 föte，föt。这可以看做是"幸运的偶然事件"，因为，要是在 foti 的-i 有机会对 o 发生反影响之前，foti 就已经变成了 fote，fot，单数复数就没有分别了。在盎格鲁-撒克逊语的阳性名词，这是太不寻常了。然而，语音变化的过程果真是"偶然事件吗"？试看下面的两个事例。所有日耳曼语都常把元音变化当做有功能意义的。像 sing，sang，sung（盎格鲁-撒克逊语 singan，sang，sungen）这样的变换已经深入语言意识。此外，缩减末

① 这一类的调整一般叫做"类推拉平"（analogical leveling）。

尾音节的趋势那时候就已经很强了,并且几个世纪以来都在以各种方式表现出来。我相信这些事实能帮助我们了解语音变化的实际过程。我们甚至可以说,o(和 u)是能抵挡向 ö(和 ü)变化的,直到破坏性的沿流发展到这样的程度,以至再不改变元音,形态方面就会尴尬了。在某一个时期,复数的 i 尾(和其它结构里同类的 i 尾)让人觉得太弱,不再能负担它的功能。无意识的盎格鲁-撒克逊心理(请原谅我这样概括地对待复杂的事实)就欢迎某些个人变异所提供的机会,把一部分责任推在它们身上,而在这以前,这样的个人变异是会自动地抵消了的。这些特殊的个人变异成功了,因为它们很知趣地让总的语音沿流发展下去,而不必动摇这语言的形态轮廓。象征性的变异(sing,sang,sung)一经出现,就成了一种吸引力,使同样性质的新变异得以兴起。所有这些因素同样存在于德语的元音移动。破坏性的沿流在德语里比在英语里进展得慢,所以 uo 到 üe(u 到 ü)这种保护性的变化满可以在英语里发生了同类变化之后三百年才插进来。实际上也正是这样。我以为这是非常有意思的事实。语音变化有时受到无意识地鼓励,为的是让它保持词和词之间,词形和词形之间的距离。总的沿流抓住了某些个人变异,因为它们有助于保持形态平衡,或导致这语言所力求达到的新的平衡。

所以我想说,语音变化至少是由三股基本势力拧成的:(1)一个有定向的总沿流,它的性质我们几乎一无所知,但是可以猜想是具有超越的动力的(如在音势上加重或减轻某成分的趋势,加多或减少某成分的声响的趋势);(2)一种重新调整的趋势,它会保持或重建这语言的基本语音格局;(3)一种保护性的趋势,它会在主沿流威胁着要过分严重地动摇语言形态的时候插进来。我绝不妄想永远能够把这三股势力分析出来,或能用这种纯粹表解性的论断来充分说明那些主导着语音沿流的复杂力量。一种语言的语音格局不是不能改变的,可是它变得远比组成它的各个声音为慢。它所包括的每一个声音都可以根本改变而格局不变。要说现在的英语格局和古老的印欧语格局完全一样,那是荒谬的,然而,直到如今,英语词首辅音的系列:

p　t　k

b　d　g

f　th　h

还一点对一点地相应于梵语的系列:

b　d　g

bh　dh　gh

p　t　k

这给人以深刻的印象。语音格局和各个语音之间的关系,大致平行于一种语言的形态类型和它的各个形态特点之间的关系。语音格局和基本类型都非常保守,尽管表面上的现象有时正相反。很难说它们之中哪个更保守一点。我猜想它们是以一种我们至今还不能了解的方式牵连在一起的。

要是语音沿流所引起的语音改变全都保存下来,也许绝大多数语言在形态轮廓上会变得那样地不规则,以至和形式的基本规模脱离关系。语音变化是机械地进行的。所以它们可以在某处影响到某一组形态的全部——这倒没有关系,而在另一处影响到一部分——这就要出麻烦了。比如说,古盎格鲁-撒克逊语的变格谱：

	单数	复数
称格，受格	fot	fet（更古是 foti）
生格	fotes	fota
与格	fet（更古是 foti）	fotum

不能长久维持不变。o—e 这种变换是受欢迎的，因为它能大致分别复数和单数。与格单数的 fet，虽然从历史上看来是当然的，很快就让人觉得是捣乱的东西。于是从较为简单的，较为常见的变格谱类推，造出 fote 这形式（参照 fisc“鱼”，与格单数 fisce）。与格的 fet 就作废了。这样，单数式都有了 o。但是这件事却使生格和与格多数的带 o 形式的位置成为不得当的了。称格和受格的 fet 远比相应的生格和与格形式用得多，后者终于不得不按 fet 类推。所以，在中古英语的初期，旧的变格谱已经让位给一个比较规则的变格谱：

	单数	复数
称格，受格	* fot	* fet
生格	* fotes	fete
与格	fote	feten

带星号的是古的形式，围绕着这核心建立起新的变格谱来。不带星号的形式不是原型的后裔，是由类推填补进去的。

英语的历史上充满着这样的拉平和延展。有一个时期，elder 和 eldest 是 old（老）的唯一可能的比较级和最高级（参照德语的 alt“老”，älter，der älteste；原来 old-，alt-后面的元音是 i，它改变了词干元音的性质）。但是，从最大多数的英语形容词类推，元音不改变的形式 older 和 oldest 取代了 elder 和 eldest。Elder 和 eldest 只作为有点古香古色的词留下来，用来称呼哥哥和姐姐，大哥和大姐。这个例子说明了一种趋势，心理上脱离自己的字源群或形式群的词，会保存语音规律的痕迹（除此以外那规律就认不出来了），或者会保存久已失去了活力的形态程序的残形。仔细研究这些遗迹或萎缩了的形式，对于构拟一种语言的早期历史或试探它的更古的亲族关系未必没有价值。

类推的作用不限于在同一簇相关的形式里（同一个“谱”里）重建形式，它的影响可以远超过这个范围。例如，几个功能上同等的成分之中，可能只有一个存留下来，其余的都屈从于它的日益扩大的影响。英语的表达复数的-s 就是这样的。起初它只用于特种阳性名词（虽然是重要的一种），后来逐渐推广到所有的名词，只有一小撮至今还表现出几乎已经灭绝了的复数类型（foot：feet，goose：geese，tooth：teeth，mouse：mice，louse“虱”：lice；ox：oxen，child“小孩”：children；sheep“绵羊”：sheeep，deer：deer）。可见类推作用不只矫正由语音程序引起的不规则现象，并且在久已形成的形式系统上引起了一些扰乱，一般是有利于更进一步简化和规则化的。这样凭类推调整，几乎总是一种语言的总形态沿流的朕兆。

一种形态特点，虽然只是语音程序的偶然结果，例如英语复数的改变元音，也同样能因类推而延展，不下于原来并不是由语音变化所产生的形态特点。中古英语 fet 的 e 元音一旦只限于用在复数，fot：fet，mus：mis 这样的变换就没有理由不成为能孳生的区别名词单复数的类型。可是，事实上它并没有变成这样。Fot：fet 这类型只暂时保持了立足点。它是在英语的一个表面沿流里冲进来的，在中古英语里又被更有力的，趋向于使用简单的区别形式的沿流冲出去了。时期已经太晚了，英语已经对 foot：feet 这样标致的象征主义不感到真正兴趣了。这一类的例子是合法地兴起来的，就是说，通过纯语音程序兴起来的，暂时被容忍了；不过，作为一个类型，它从来没有过真正的前途。

德语就不同。“元音改变”（umlaut）这名称概括整个一系列语音变化，u：ü 和 au：oi（写做 äu）是其中特殊的例子；当这些变化进袭德语的时候，形态简化的总沿流还不很强，所以它们造成的形式类型（如 Fuss“脚”：Füsse“复数”，fallen“跌倒”：fällen“使跌倒”，Horn“号角”：Gehörne“一组号角”，Haus“房屋”：Häuslein“小房子”）能保持不变，并且能扩展到按理不在它们的势力范围之内的形式。“元音改变”在现代德语里还是一种很有活力的象征性程序，可能比中古时期更有活力。由类推而发生的复数（如 Baum“树”：Bäume，参照中古高地德语的 boum：boume）和派生形式（如 lachen“笑”：Gelächter“大笑”，参照中古高地德语的 Gelach）都说明元音改变已经战胜，成为能孳生的形态程序了。有些方言甚至比标准德语更进一步，至少在某些方面是这样。例如，在易底希（Yiddish）①，有些按“元音改变”造成的复数不能追溯到中古高地德语原型，现代文学语言里也没有平行式，像 tog“一天”：teg“复数”（德语是 Tag：Tage）是从 gast“客人”：gest“复数”（德语 Gast：Gäste）类推的，shuch②“鞋”：shich“复数”

① 十五世纪末和十六世纪初从其它德语方言里孤立出来。所以能用它来测度“元音改变”这趋势的势力，特别是因为它又发展了一种有力的、趋向于分析方法的沿流。（这方言是德籍犹太人说的——译者）

② Ch 如德语 Buch 的 ch。

(德语 Schuh:schuhe)是从 fus“脚”:fis“复数”类推的。“元音改变”可能会走完它的路,不再是德语的有活力的功能程序,不过日子还很远。早在几世纪以前人们已不意识到“元音改变”的单纯语音性质。现在它严格地是一种形态程序,一点也不是机械式的语音调整。它是一个上好的例子,可以说明,一个简单的语音规律,本身是没有意义的,最终能感染或改造一种语言的成大片的形态。

第九章　语言怎样交互影响

语言，像文化一样，很少是自给自足的。交际的需要使说一种语言的人和说邻近语言的或文化上占优势的语言的人发生直接或间接接触。交际可以是友好的或敌对的。可以在平凡的事务和交易关系的平面上进行，也可以是精神价值——艺术、科学、宗教——的借贷或交换。很难指出有完全孤立的语言或方言，尤其是在原始人中间。一个部落往往很小，和说别的方言甚至说完全无关的语言的陌生部落通婚不是罕见的事。甚至可以猜想，在原始的水平上，通婚、部落之间的交易和一般文化交换，比在我们的水平上更具有相对重要性。邻居的人群互相接触，不论程度怎样，性质怎样，一般都足以引起某种语言上的交互影响。这种影响往往是一面倒的。被看做文化中心的人群的语言，自然更可能对附近的语言发生显见的影响，而不那么为它们所影响。多少世纪以来，汉语在朝鲜语、日语和越南语的词汇里泛滥着，可是反过来，没有接受过什么。在中古和现代西欧，法语也发生了类似的影响，但似乎不那么占压倒优势。英语从诺曼入侵者的法语，后来又从法兰西岛的宫廷法语，借用了大量的词，吸收了某些具有派生价值的附加成分（如 princess“公主”的-ess，drunkard“醉汉”的-ard，royalty“王权”的-ty）；并且，和法语的接触可能有点刺激了它本身的趋向于分析的一般沿流[①]，甚至让法语稍微改变了英语的语音格局（如veal“小牛肉”，judge“法官”这样的词的起首字母v，j；盎格鲁-撒克逊起源的词里，v和j只能出现在元音后面，如over“过去”，hedge“篱笆”）。但是，英语对法语几乎没有影响。

一种语言对另一种语言最简单的影响是词的“借贷”。只要有文化借贷，就可能把有关的词也借过来。早年的北欧日耳曼人，从他们和罗马人的商业和军事接触上，才知道了酿酒和铺路，自然就会采用这种奇怪饮料的拉丁名称（vinum，英语wine，德语Wein）和这种不习见的路的名称（strata [via]，英语street，德语Strasse）。后来，基督教传入英国，一些有关的词如bishop（主教），angel（天使）也进入了英语。这样的过程继续不断，直到如今，每一个文化浪潮都在英语上沉积下一层借词。仔细研究这样的借词，可以为文化史作有意味的注疏。留意各个民族的词汇渗入别的民族的词汇的程度，就差不多可以估计他们在发展和传播文化思想方面所起的作用。只要我们知道，一个受过教育的日本人不使用汉语资源几乎连一句文言都写不出；直到今天暹罗语、缅甸语和柬埔寨语还带着许多世纪以前随着印度佛教传入的、错认不了的梵语和巴利语的印记；或者，不论我们赞成或是反对在学校里教拉丁语和希腊语，我们的辩论里本身就处处点缀着从罗马和雅典传来的词，那我们就多少能了解到早期中国文化、佛教和古典

① 但是，早期的英语学者过分夸张了法语对中古英语的一般“瓦解”作用。法语的影响进入以前，英语早就向更分析的结构移动了。

地中海文明在世界史上起过多大作用了。只有五种语言在传布文化上有过压倒势力。它们是古典汉语、梵语、阿拉伯语、希腊语和拉丁语。和它们比起来,甚至像希伯来语和法语这样的文化上很重要的语言,都落到次要地位。英语的一般文化影响,到今天为止,几乎是微不足道的,这未免叫人扫兴。英语本身正向四方传播,因为英国人把广大地区殖民化了。可是无从说它在任何地方进入了别的语言的词汇核心,像法语点染了英语的面貌或阿拉伯语渗透了波斯语和土耳其语那样。单从这一点就足以看出上个世纪里民族主义势力的影响,不论在文化上或政治上。如今对借贷,或者不如说从新资源借贷①,有一种心理上的抗拒,这种心理在中世纪或文艺复兴时期是不大起作用的。

抗拒借词,还有更深切的原因么?一般认为借用的性质和程度完全取决于文化关系这历史事实,比如说,德语借用拉丁语和法语不像英语借得那么多,只是因为德语不像英语,它和古典罗马以及法国在文化上没有深切关系。这在很大程度上是真实的,但并非全部真相。不该夸大诺曼人入侵这件事的物质上的重要性,也不该低估德国处在中欧的地理位置,这使它在整个中古时期对法国的影响特别敏感,对十五世纪后期和十六世纪初期的人文主义以及十七和十八世纪法国的强大影响也是这样。一种语言能接受外国词汇的程度很可能和它对本身的资料的心理态度有不少关系。英语好久以来就要求有完全统一的、不加分析的词,不管是单音节的还是多音节的。像 credible(可信的),certitude(确实性),

① 因为我们仍旧用希腊语或拉丁语来命名新的科学器械和专利药品。

intangible(捉摸不到的)这样的词,在英语里完全受欢迎,因为每个都表达一个单一的、简明的观念,并且它们的形式分析(credible,cert-itude,in-tang-ible)在无意识心理上是莫须有的事(cred-,cert-和 tang-在英语里并不真正存在,不比 goodness 的 good-)。像 intangible 这样一个词,一服了水土,就差不多和任何单音节根本词(比如说 vague“空虚”,thin“薄的”,grasp“抓”)一样,心理上是单纯的东西。可是,德语的多音节词要求分析成有意义的成分。因此几次文化影响高潮中大量借入的法语和拉丁语的词不能长久保持。拉丁-德意志式的词,如 kredibel(可信的),和法-德式的词,如 reussieren(成功),没有任何东西能让无意识心理吸收到它习惯用来体会词和掌握词的方法里去。无意识心理好像在说:“我完全愿意接受 kredibel,只要你告诉我那个 kred-是什么意思。”所以,当需要新词的时候,德语一般会觉得用自己的资源来创造它更为便当。

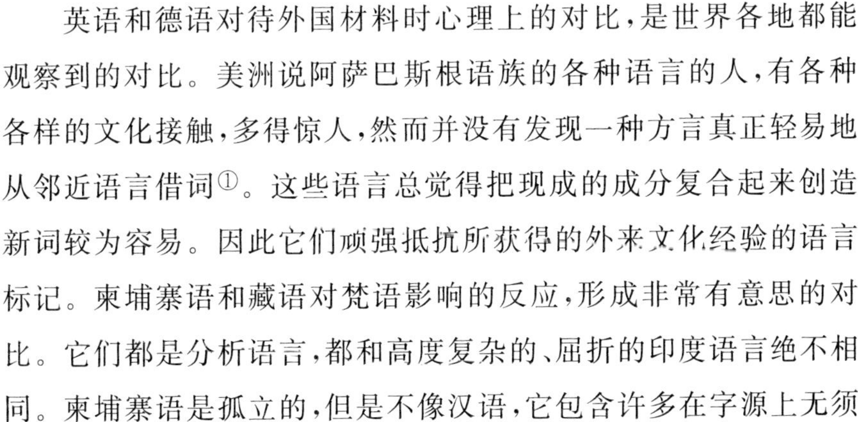

英语和德语对待外国材料时心理上的对比,是世界各地都能观察到的对比。美洲说阿萨巴斯根语族的各种语言的人,有各种各样的文化接触,多得惊人,然而并没有发现一种方言真正轻易地从邻近语言借词[①]。这些语言总觉得把现成的成分复合起来创造新词较为容易。因此它们顽强抵抗所获得的外来文化经验的语言标记。柬埔寨语和藏语对梵语影响的反应,形成非常有意思的对比。它们都是分析语言,都和高度复杂的、屈折的印度语言绝不相同。柬埔寨语是孤立的,但是不像汉语,它包含许多在字源上无须

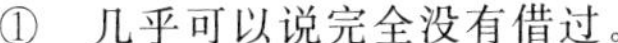

① 几乎可以说完全没有借过。

分析的多音节词。所以,正像英语对法语和拉丁语的关系,它欢迎大量的梵语借词,有许多借词今天还通用,对它们没有心理上的抗拒。经典西藏文学一步一趋地模仿印度佛教文学,佛教在西藏扎根比在任何别的地方为深,然而,奇怪的是,梵语词进入藏语的竟那么少。藏语顽强抵抗梵语的多音节词,因为它们不能自然而然地分析成有意义的音节,而要满足藏语对形式的感情,却非这样做不可。所以藏语不得不把绝大多数这样的梵语词翻译成本地的对应物,藏语对形式的爱好这才得到了满足,虽然这些逐字翻译的外国名称也往往破坏真正的藏语说法。甚至梵语原文的专名词也小心地、一字对一字地翻成了藏语,如 Surya-garbha(太阳-心胸的)小心地藏语化成为 Nyi-mai snying-po(太阳-的心-这,太阳的心或精)[①]。研究一种语言在面对外国词时起怎样的反应——拒绝它们,翻译它们,或是随便接受它们——很能帮助我们了解这种语言内在的形式趋势。

借用外国词总要修改它们的语音。一定会有外国音或重音上的特点不能适合本地的语音习惯。它们会改变得尽可能地不破坏这种习惯。时常会出现语音的妥协。例如,新近介绍进英语的 camouflage(伪装),照现在通常的说法,和英语或法语的典型发音习惯都不相合。词首的送气辅音 k,第二音节的模糊元音,l 和最后的 a 的实在音质,还有最主要的第一音节上的强重音,这些都是无意识地同化于英语发音习惯的结果。它们把英语的 camouflage 和法语说的这个词清楚地分开。从另一方面看,第三音节的长而

① 译按:汉译“日藏”,这里按原书英语释义翻译。

沉重的元音，zh 音（像英语 azure 里的），处在末尾地位，显然是非英语的，就像中古英语在字首使用 j 和 v[①] 一样，起初一定会觉得和英语习惯不一致，而现在这生疏的感觉已经磨灭了。字首的 j，字首的 v，末尾的 zh，a 发音如 father 的 a 而又不是重音，在这四点上，英语并没有采用新的音，只不过扩大了旧音的使用。

偶然也会介绍进新音来，但是大概不久就会溶化掉。在乔叟时代，古老的盎格鲁-撒克逊 ü（写做 y）早已非圆唇化，成了 i，可是一组新的 ü 元音已经从法语传进来了（用在 due，value，nature 这样的词里）。新的 ü 没能长久保持下来，它二合化了，成了 iu，和本地的用在 new，slew 一类词里的 iw 混起来了。最后，这个二合元音表现为 yu，改变了音势——dew（来自盎格鲁-撒克逊的 deaw）和 due（乔叟时代的 dü）一样了。这样的事说明一种语言多么顽强地抗拒从根本上扰乱它的语音格局。

虽然如此，我们知道语言确实在语音上互相影响，并且和借词时带来外国音不相干。语言学家不能不注意到的最奇怪的事情之一，就是在一个窄隘的地区里，完全没有关系或关系很远的语言之间会有很突出的语音上的平行。特别是放宽眼界，把广大地区的语音对比起来看，这平行现象更给人深刻的印象。这里举几个例子。日耳曼语一般不发展鼻化元音。可是某些上日耳曼（苏阿比亚“Suabia”）方言现在有鼻化元音，代替了较早的元音＋鼻辅音（n）。这些方言是在靠近法语的地区里说的，而法语是大量使用鼻化元音的，这是偶然的吗？还

① 见 186 页。

有，某些作为荷兰语和佛雷米希语（Flemish）共同特征的语音现象，使它们和别的日耳曼语，如北日耳曼方言和斯堪的那维亚方言，形成对比。其中之一是不送气的无声响的塞音（p，t，k），它性质清脆，像金声，让人想起相应的法语声音，但是和英语、北日耳曼语、丹麦语的较强的、送气的塞音正成对比。即使假定这种不送气的塞音是比较古老的，是古日耳曼辅音的未经改变的余音，然而正是在和法语邻居的荷兰语里，这些辅音没有能改变，而这种改变似乎正是日耳曼语的总沿流，这该不是没有意义的历史事实吧。还有比这更突出的例子。俄语和别的斯拉夫语，在语音的某些个别方面和没有关系的伏尔加地区的乌拉尔-阿尔泰语[①]特别相似。例如，那种特别的干涩元音，俄语所谓 yeri[②]，在乌拉尔-阿尔泰语里有同类的音，而和斯拉夫语最近的印欧同源语，日耳曼语、希腊语、阿尔明尼亚语和印度-伊朗语，是完全没有的。我们至少可以设想，斯拉夫语的这个元音和乌拉尔-阿尔泰语的和它平行的现象，在历史上不是没有关系的。落基山以西说的好些印第安语，具有最叫人迷惑的语音平行。就是按最极端的估计，从阿拉斯加到加利福尼亚中部一带地方，至少也有四个完全没有关系的语系。虽然如此，这一广大地区里的所有语言，或几乎所有语言，都有某些重要的语音现象互相一致。其中最主要的是一系列“喉化

---

① 乌格尔-芬兰语（Ugro-Fennic）和土耳其语（鞑靼语）。

② 照绥脱（Sweet）的说法，也许是高，后（不如说后位和“混合”位之间），窄，非圆唇的。一般说来，它相应于印欧语系的长 u（yeri 即 ы——译者）。

的"塞辅音，它们结构特殊，听起来很别致①。在这个地区北部，所有的语言，不论是否有关系，又都有各种不同的无声响的l音和一系列"小舌"(后-喉)塞辅音(字源上和平常的k系不同)。很难相信上述三种如此特别的语音现象会是在邻近的语群里各归各地演化出来的。

我们怎么解释这些还有成百的类似的语音辐凑现象呢？有时候我们可能真的是遇到了日久年深的、由共同起源产生的相似之点，只是现在无法证明而已。可是这不是深入的解释。比如说，上面所举的三个欧洲语例子中的两个，要这样解释就不成理由，鼻化元音和斯拉夫语的yeri都可以证明在印欧语里是后起的。不管我们从哪个角度来仔细考查这个过程，总免不了这样推论，语音或者发音上的某些特殊方式，有在连成一片的地域上散布的趋势，有点像文化的因素那样，从一个地理中心辐射出来。我们可以设想，在语言边疆上兴起的个人变异——不管是由于外国语言习惯的无意识的暗示，还是外来的声音真正移植到说两种语言的人的言语里——会逐渐掺和到一种语言的语音沿流里去。在语音方面，一种语言主要关心的是保持它的语音格局，而不是个别的声音本身。那么，就没有理由说它为什么不可以无意识地吸收已经钻进了它的不同程度的个人变异里的外语声音，只要新变异(或加强了的旧变异)和本地的沿流方向一致。

用一个简单的比方就能帮助我们了解这样的想法。假设

① 某些高加索语好像也有类似的，或部分类似的音。

两种邻近而没有关系的语言 A 和 B 都有无声响的 l 音(试比较威尔士语的 ll)。我们猜想这不是偶然的。也许比较研究会发现 A 语言的无声响的 l 音相应于别的有关语言的一系列咝音;旧的 s:sh 变换转移为新的 l(无声响):s①。能就此说 B 语言的无声响的 l 音也有同样的历史吗? 一点也不能。也许 B 本有强烈的趋势在词尾发出可以听到的出气音,所以末尾的 l,和末尾的元音一样,后面本来是有清楚的送气的。有些人也许会把无声响的出气稍微提前一点,把末尾的 l 音的后半部变成无声响的了(非常像英语 felt 里的 l,处在无声响的 t 之前,趋向于部分变为无声响的)。但是,如果没有 A 的无声响的 l 音作为无意识的刺激,推动 B 在它本身的沿流上起更根本的变化,B 的潜在趋势可能永远不会真正发展成完全无声响的 l。这无声响的 l 一经出现,就和有关的词的中间的有声响的 l 变换使用,以至凭类推而扩展。结果是 A 和 B 有了一个共同的重要语音特点。这样下去,它们的语音系统,只作为一群语音来看,甚至可能完全彼此同化了;当然这只是极端的情况,实际上难得成为事实。语音交互影响上,有一件事非常有意思,那就是每一种语言都有强烈的趋势,要保全自己的语音格局。只要在没有关系的语言里,相似的声音是不同归属的,"价值"和"比重"是不相同的,就不能说这些语言已经远远离开了它们本身的沿流的路线。在语音方面,就像在词汇方面一样,我们要小心别夸大了语言交互影响的重要性。

---

① 育空(Yukon)河的阿萨巴斯根方言之一的确可以证明是这样的。

上文我偶然说到，英语从法语采取了一些形态成分。英语也使用了一些来自拉丁语和希腊语的附加成分，其中有些个，如 materialize(物质化)的-ize 或 breakable(可以打破的)的-able，甚至今天还能孳生。这样的事例不见得就是一种语言在形态上影响另一种语言的真凭实据。它们属于派生概念范围，并不涉及表达关系概念这个形态学上的中心问题。这且不说，其实它们也没有给英语添上什么结构特点。英语原来就有 luck(运气)和 lucky(交好运的)，所以早已准备好有 pity(怜悯)和 pitious(可怜的)这样的关系；material(物质的)和 materialize 只不过扩充了一种已经习用的形式格局的行列，例如 wide(宽的)和 widen(加宽)。换句话说，如果只从上面所举的一类例子来衡量，外国语在形态上对英语的影响差不多是和借词同一性质的。引入一个后附加成分-ize，并不比并入一些词更能改变英语的基本结构。要是英语按照法语的综合性的将来时演化出了一种新的将来时，或者把拉丁语和希腊语的重叠法(拉丁 tango“我接触到”：tetigi“我已经接触到了”；希腊 leipo“我离开”：leloipa“我已经离开了”)借进来当做一种表达功能的手段，才有理由说真的有了形态影响。但是并不能找到这样深远的影响。在整个英语史里，不能指出一个重要形态变化不是由本身的沿流决定的，虽然我们可以猜测，在某些地方，法语形式的暗示影响使这沿流加快了一点①。

应该认识到：英语的形态发展是连续的，自给自足的，它的基

① 在造句上，可以指出某些法语和拉丁语的影响，但是它们是否达到比书面语更深的地步，值得怀疑。大部分这一类的影响，与其说是属于形态本身的，不如说是属于文章风格的。

本结构所受的外来影响是极其有限的。英语的历史有时被说成这样，诺曼人一到，它就乱得不可收拾了，好像他们是专为跟盎格鲁-撒克逊传统捣蛋来的。现今学者是比较慎重了。即使没有像英语实在受到的那样的外来影响，一种深远的、趋向于分析的发展也是会出现的。丹麦语的历史就是明证，在某些拉平的趋向上，它甚至比英语走得更远。英语倒不如用来作加强(a fortiori)例证。中世纪后期，英语里充斥着法语借词；正在那时，它的趋向于分析类型的沿流也特别强烈。所以在内部，在表面，它变化得都很快。可怪的倒不是它采用了一些外部形态特点，单纯地在具体的东西上加了一笔账，而是像它这样暴露在改造影响之下，还能忠实于自己的类型和历史沿流。我们对语言史文献所知的一切也加强了研究英语所得的经验。无论到哪儿，都只能发现肤浅的形态上的交互影响。从此可以推出下面几个结论中的一个：真正严重的形态影响也许不是不可能的，可是它的作用太慢，未必有机会渗入可以供我们考查的相当短暂的一段语言史；或者，某些有利于从外部引起深刻的形态动乱的条件是存在的，例如语言类型特别不稳定，文化接触非常密切，但是文献里碰巧没有表现出来；最后，或者我们本来就没有理由假定一种语言能轻易地对另一种语言在形态上发生改造性的影响。

同时我们又面对着一种让人困惑的事实，类似的重要形态特征往往在一个广大地区里散布于不同的语言，这些语言的差别是如此之大，所以通常认为它们在起源上是没有关系的。有时候我们会设想这样的类似只是由于辐凑，同样的形态特点在互不相关的语言里独立地成长起来。然而有些形态的分布是太特殊了，不容许我们这样轻易地把它们丢开。一定有某种历史因素使它们变成这样。应该记住,“语系”这个概念从来不是明确的[①]、排他性的。只能相当肯定地说某些语言是从同一个来源传下来的,可是不能说某些别的语言在起源上是没有关系的。我们所能做的只是说:还没有积累足够的证据叫我们不得不推想它们是同源的。那么,在一个窄隘地区之内,分歧的语言在形态上的许多相似之点,难道不可能是原来的共同类型和共同语音质料的遗迹么?这种共同性由于分歧的沿流起了破坏作用,已经认不清了。也许,现代英语和爱尔兰语之间还有足够的词汇和形态上的相似之点,使我们单凭今天的描写性的证据就能相当肯定地推断它们的起源关系。这种推断,比起实在依据现存的历史资料、比较资料所作出的推断来,当然显得薄弱,但是还算是不坏。再过两三千年,英语和爱尔兰语的相似之点也许会磨灭到那种程度,单靠描写性的证据,不得不认为它们是“没有关系”的语言。它们还会有某些共同的基本形态特征,不过很难知道该怎么估价它们了。只有借助于更分歧的语言,如巴斯克语和芬兰语,所提供的对比性透视的启示,这些遗留下来的相似之点才能得到真正的历史评价。

我不能不设想,许多比较重要的形态上的相似之点的分布,只能解释为这样的遗迹。“借贷”的理论似乎完全不足以解释那些深藏在语言这复合体的核心里的共同基本结构特点,例如塞姆语和汉姆语,各种苏丹语,马来-波利尼西亚语、孟-高棉语(Mon-Khmer)[②]

① 见147页。

② 东南亚说的一群语言,高棉语(柬埔寨语)是最出名的代表。

和蒙达语(Munda),[①]阿萨巴斯根语、脱令基脱语和海达语所共有的。千万别让专家们的谨慎小心把我们吓跑了,他们时常是出奇地不能领会我所谓"对比性透视"。

"蔓延"这理论有时候被用来解释这些基本结构特点的分布。我们知道神话、宗教思想、社会组织类型、工艺技巧以及文化的别的方面,都能从一点传播到一点,和原先陌生的文化逐渐相处。也知道词也容易蔓延,不下于文化因素,语音可以"借贷",甚至形态成分也可以搬运过来。还可以进一步承认,有些语言大概是在邻近语言的暗示性影响之下,采用了一些结构特征。可是,一研究这些情况[②],差不多总会发现一个重要事实,它们只不过是加在语言形态核心的表面上的。只要所有的直接历史验证提不出真正叫人信服的例子来,证明蔓延确能产生深刻的形态影响,我们还是不要过分相信蔓延理论的好。所以,总的说来,我们要把语言形式——语音格局和形态——的主要一致性和分歧性归因于语言的自主的沿流,而不归因于一些个别的、蔓延开来的、一会儿集合在这里一会儿集合在那里的特征。语言也许是最闭关自守的、最顽抗的社会现象。把它灭绝了倒比瓦解它本身的形式还要容易些。

① 印度东北部说的一群语言。

② 我想到的有上契奴克语里的后置成分,这特征的出现显然是受了邻近的萨哈普丁语(Sahaptin)的影响;还有塔竞尔马语使用工具格的前附加成分,这好像是接受了邻近的"霍堪语"(Hokan)(夏斯达语"Shasta",卡洛克语"Karok")的暗示。

第十章　语言、种族和文化

语言有一个底座。说一种语言的人是属于一个种族(或几个种族)的，也就是说，属于身体上具有某些特征而不同于别的群的一个群。语言也不脱离文化而存在，就是说，不脱离社会流传下来的、决定我们生活面貌的风俗和信仰的总体。人类学家惯于凭种族、语言和文化这三个纲目来研究人。着手研究一个自然区域(如非洲或南海)的时候，他们首先要做的事情之一就是用这三重观点来画地图。这些图能回答下列的问题：人这种动物，从生物学角度来看，有哪几大类，都住在哪里(如刚果尼格罗人，埃及白人；澳大利亚黑人，波利尼西亚人)？范围最广的语言群，即所谓“语系”，是哪些个，每一个怎样分布(如北非汉姆语，南非班图语；印度尼西亚、美拉尼西亚、密克罗尼西亚和波利尼西亚的马来-波利尼西亚语)？某一地区的人，作为文化的人，是怎样分类的，显著的“文化区”有哪几个，每一区的主导思想是什么(如北非的回教文化；南非的原始狩猎、非农业的布须曼人文化；物质上贫乏而仪礼上高度发展的澳大利亚土著文化；比较进步的，高度专门化的波利尼西亚文化)？

一个普通人不会去分析他自己在人类的总表格上占什么地位。他觉得自己代表着人类的某一个紧紧团结在一起的部分——有时叫做“民族”，有时叫做“种族”——并且所有那些使他成为这

个大群的典型代表的东西都是结成一团儿的。如果他是一个英国人，就会觉得自己是“盎格鲁-萨克逊”族的一员，这个种族的“天才”创造了英语和用英语表达的“盎格鲁-萨克逊”文化。科学的看法是比较冷静些的。它要问一问这三种分类法——种族的、语言的、文化的——是否互相一致，有内在的必要把它们联络起来呢，还是只是表面的历史现象。回答会使“种族”狂想者扫兴。历史学家和人类学家发现，种族、语言和文化分布不平行，它们的分布区域犬牙交错，最叫人迷惑，并且它们的历史会各自走不同的道路。种族比语言容易混合。反过来说，语言会传播到远离老家的地方，侵入别的种族，别的文化的领域。一种语言可以在本地灭绝了，反而生存在粗暴地敌视原来说这语言的人的群体里。并且，历史上的偶然事件往往会重划文化区域的疆界，而不一定磨灭存在的语言分歧。只要能确信，种族，就它唯一可以了解的意义来说，也就是从生物学的方面来说，对语言和文化的历史全不关心，只要能确信，语言和文化的历史不能直接用种族来解释，正像不能用物理和化学的定律来解释一样，我们就能一方面对斯拉夫狂热主义、盎格鲁-萨克逊主义、条顿主义、拉丁天才等等神秘的口号发生某种兴趣，一方面又不让其中任何一个蒙骗了。仔细研究语言分布和它的历史，会给这些狂热信条加上最干燥无味的注疏。

一群语言完全不必和一个种族集体或一个文化区相应，这很容易举例证明。我们甚至可以指出一种语言怎样和种族、文化的界线互相交错。英语不是一个统一的种族说的。几百万美国黑人不会说别的语言。英语就是他们的母语，是他们的最深刻的思想和感情的形式外衣。它是他们的无可转让的财产，是“他们的”，正像是英王的。说英语的美国白人也不形成一个确定的种族，除非是和黑人对比着说。人体人类学家一般公认的欧洲的三个基本白人种族——波罗的海或北欧种、亚平宁种和地中海种——都有许多说英语的代表住在美国。但是，说英语的人的历史核心，那些还住在英国和它的殖民地的、相对地“没有混种”的人，他们也不代表一个单纯的种族吗？我看不出证据是指向这方面的。英国人是许多不同血属的大混合。除了习惯认为是基本血属的盎格鲁-萨克逊成分，或者说北日耳曼成分，英国血统还包括诺曼法兰西、①斯堪的那维亚、“克尔底”②和先克尔底成分。要是所谓“英国人”也算上苏格兰人和爱尔兰人③，那么，“克尔底”这个名称至少又指两个相当不同的种族成分——威尔士的短小、黯色的类型，和苏格兰高原和爱尔兰某些部分的较高、较白、时常是红头发的类型。即使我们说的只是萨克逊成分（不用说，这也不是“纯净”的），仍旧不解决问题。大致说来，这个血属就是如今在丹麦南部和相接的德国北部占多数的那个。要是这样，我们就只有这么想了：英语在历史

① 本身又是北“法兰西”和斯堪的那维亚成分的混合。

② 现在所谓英格兰和威尔士的“克尔底”血统，绝不限于住在说克尔底语的地区——威尔士和不久以前的康沃尔（Cornwall）。完全有理由相信，入侵的日耳曼部落（盎格鲁、萨克逊、究特“Jute”）没有把英格兰的布来宋-克尔底人（Brythonic Celts）消灭了，也没有把他们全部赶到威尔士和康沃尔去（我们的历史上，把被征服的人“赶到”山寨、地角去的事说得太多了），而只是和他们混合起来，把自己的统治和语言强加在他们头上。

③ 实际上很难把这三种人完全分开。这些名称与其说是清楚地指种族，还不如说是指地方感情。几世纪来他们不断相互通婚，只有在某些偏僻地区才能找到相对纯净的类型，如赫布里底群岛（Hebrides）的高原苏格兰人。在美洲，英格兰人、苏格兰人和爱尔兰人已经无可分解地混合起来了。

上和弗里辛语(Frisian)关系最密切,其次是和别的西日耳曼方言(低地萨克逊语,即所谓“平地德意志语”,荷兰语,高地德语),第三才轮到斯堪的那维亚语,但是第五和第六世纪踏遍英格兰的那个“萨克逊”种族,反倒和说斯堪的那维亚语的丹麦人所代表的种族大体上一样,而说高地德语的中德和南德居民[①],在种族上显然和他们有区别。

要是我们不顾这些细致的区别,而只是假定“条顿”种族或波罗的海种族或北欧种族在分布上和日耳曼语互相一致,成不成呢?这就保险了吧?不,这就更糟糕。首先,说德语的人口的大多数(住在中德、南德和瑞士、奥地利说德语的部分)根本不属于高身材、金发、长头[②]的“条顿”族,而属于较矮的、黯色的、扁头[③]的亚平宁种,这个种可以同样恰当地由法国中部居民、瑞士说法语的人和许多西部和北部斯拉夫人(如波希米亚人和波兰人)来代表。“亚平宁”人口的分布一部分和从前大陆上的“克尔底人”相一致,大陆“克尔底人”的语言已经到处屈服于意大利、日耳曼和斯拉夫语的压力了。我们最好不要用“克尔底种族”这个名称,如果非要给它某种内容不可,把它大致用于西部的亚平宁人,也许比用于上述的两个海岛类型更恰当些。后者在语言上,部分地在血统上,当然是“克尔底化”了的,正像几世纪以后,大部分英格兰和一部分苏格兰是被盎格鲁人和萨克逊人“条顿化”了的。从语言上说,今日的“克

① 现在北德说的高地德语年代不久,那是推广标准德语的结果。标准德语的基础是上萨克逊语,是一种高地德语方言,它排挤了“平地德意志语”。

② “Dolichocephalic”。

③ “Brachycephalic”。

尔底人”（爱尔兰的高卢人、满克斯岛人“Manx”，苏格兰的高卢人、威尔士人、布列登人[①]）是克尔底的，大部分今日的德国人是日耳曼的，就像美国黑人、美国化了的犹太人、明尼苏达州的瑞典人和落户美国的德国人是“英吉利的”。但是，还有第二个问题，波罗的海种族过去不是，现在也不是只说日耳曼语的。最北部的“克尔底人”，如高地苏格兰人，大概是这个种族的特殊化了的分支。谁也不知道在克尔底化以前他们说什么话，但是没有任何证据说他们说的是日耳曼语。他们的语言可能很不像我们所知的任何印欧话，正如今日的巴斯克语和土耳其语那样不像。此外，斯堪的那维亚人东边还有这个种族的非日耳曼语成员——芬兰人以及有关的人，他们的语言还不能肯定和印欧语有任何关系。

我们不能就此打住。日耳曼语的地理位置[②]让人想到它们很可能只代表某种印欧方言（也许是一种原型克尔底-意大利语）在边沿地区转移给一种波罗的海人，而这种族原先说的语言，或一群语言，是和印欧语不相干的[③]。所以，不只是现在说英语的人不是一个统一的种族，英语的原型对如今和英语特别有关的种族来说，还可能是外国语呢。我们大可不必认真地想，英语，或英语所属的

① Breton，法国西北角说克尔底话的人。——译者

② 从现有的资料上溯，也许可以断定这些语言原来只限于北德和斯堪的那维亚的一个相当小的地区。这个地区显然处在说印欧语的人所分布的整个地区的边沿上。公元前一千年，它们的引力中心好像在俄罗斯南部。

③ 这虽说只是一种理论，可是专门例证并不像想象的那么薄弱。好些常用而又典型的日耳曼词和我们所知的印欧根本成分连不起来，例如英语的 house“屋子”，stone“石头”，sea“海”，wife“妻子”（德语是 Haus，Stein，See，Weib），它们可能是我们所设想的先日耳曼语的残余。

语群，在任何可以了解的意义上是一个种族的表现，在它里面埋藏着可以反映人类的一个特殊种族的气质或者“天才”的特性。

要是篇幅许可的话，还可以举出许多更突出的例子来说明种族和语言不一致。现在只再举一例作为代表。马来-波利尼西亚语形成一个界限清楚的语群，包括马来半岛南端及其以南、以东的广大岛屿世界(除去澳大利亚和新几内亚①的大部分)。住在这辽阔地域里的人至少代表着三个不同种族——新几内亚和美拉尼西亚的像尼格罗人的巴布亚人、印度尼西亚的马来种、外围岛屿的波利尼西亚人。波利尼西亚人和马来人都说马来-波利尼西亚语群里的语言，而巴布亚人的语言部分属于这个语群(美拉尼西亚语)，部分属于与此无关的新几内亚的语群(“巴布亚语”)②。尽管这个地区的主要种族界线是划在巴布亚人和波利尼西亚人之间，主要的语言区分却是马来语作为一方，美拉尼西亚语和波利尼西亚语作为另一方。

文化和语言的关系正和种族和语言的关系一样。在原始的水平上，特别容易说明语言和文化没有内在联系，因为这时“民族”③观念这统一势力还没有兴起来干扰那种我们不妨叫做自然分布的

① 殖民者对伊里安的称呼。——译者

② 说美拉尼西亚语的巴布亚人只占居这个岛的最东部。

③ “民族”是一个重要的、感情上统一的群体。引起民族统一观念的历史因素是多种多样的——政治的、文化的、语言的、地理的，有时候特别是宗教的。真正的种族因素也可以算进去，但是这里所谓“种族”，一般着重心理价值，而不着重严格地生物学上的价值。在民族感情占优势的一个地区里，语言和文化都有统一化和特殊化的趋势，所以语言和文化的疆界多少也会趋于一致。但是，即使在最好的情况下，语言的统一从来也不是绝对的，文化统一则容易流于表面化，是半政治性的，不怎么深远的。

潮流。完全不相干的语言在同一种文化里共存，密切相关的语言——甚至同一种语言——属于不同的文化区域。土著的美洲有许多上好的例子。阿萨巴斯根语形成一个明确统一的、结构上特殊化了的语群，不下于任何别的我所知道的语群①。说这些语言的人属于四个不同的文化区——加拿大西部和阿拉斯加内地的简单狩猎文化（鲁丘克斯、契普沿）、平原地区的野牛文化（萨尔西“Sarcee”），西南地区的高度仪礼化的文化（纳伐霍），加利福尼亚西北的非常特殊的文化（呼帕）。说阿萨巴斯根语的人对文化的适应性和这些语言本身的不易接受外来影响，恰好形成最奇怪的对比②。呼帕印第安人是他们所属的文化区的典型。文化上和他们相同的有邻近的犹洛克人（Yurok）和卡洛克人（Karok）。这三个部落之间来往最频繁，甚至于一方所举行的重要宗教仪式其它两方一般都参加。很难说他们的联合文化里哪一个成分原来属于哪一个部落，他们在共同行动，感情，思想上太一致了。但是，他们的语言不仅互不相通，还分属于三个主要的美洲语群，每一群在北美大陆上都分布得很广。呼帕语，我们已经知道是属于阿萨巴斯根语的，因此也是海达语（夏洛脱王妃群岛）和脱令基脱语（南阿拉斯加）的远亲；犹洛克语是阿尔贡巾语支的两种孤立的加利福尼亚语言中的一种，而阿尔贡巾语支的引力重心是在大湖地区；卡洛克语是霍堪语群的最北的成员，霍堪语群一直向南伸，越过加利福尼亚的边界，在墨西哥湾一带还有它的更远的亲属。

① 塞姆语是与众不同的，也不见得比它们更明确地标志出来。

② 见 193 页。

再回头来谈英语。我相信我们大多数人都容易承认，英国和美国有共同语言，并不能作为文化共同的论据。人们常说两国有共同的“盎格鲁-萨克逊”文化传统。“有文化的人”以为这共同传统当然是有的了；难道这种倾向没有把许多生活上和感情上的分别掩盖起来吗？至于说美国仍旧是特别“英吉利式的”，那也不过是殖民时代的遗迹而已；它的文化主流，部分趋向于自主地、独特地发展，部分趋向于沉浸在广泛的欧洲文化中，而英国文化只不过是其中的一个方面。我们不能否认，共同语言的存在能为英国和美国在文化上互相谅解铺平道路，现在是这样，以后很长一个时期里还会是这样。但是，非常清楚，别的因素正在有力地反抗这种拉平的趋势，其中有的因素正在很快地积累起来。到了文化的地理、政治和经济决定因素已经不再相同的时候，共同语言也就不能无限期地作为共同文化的印证。

语言、种族和文化不一定互相关联。这可也不是说它们永远不那样。实际上，种族和文化的分界线确有点和语言的分界线相应的趋势，虽然后者并不是在每一例证上都和前二者同样重要。例如，在波利尼西亚人的语言、种族、文化，和美拉尼西亚人的语言、种族、文化之间，尽管有许多交错之处①，还是有一条相当明确的界线。可是，种族和文化上的区分，特别是种族上的区分，占主要地位，而语言上的区分只有次要意义；波利尼西亚语多不过是联合的美拉尼西亚-玻里尼西亚语类的一个特殊的方言支派而已。

① 例如，斐济人属于巴布亚（类似尼格罗的）种，在文化和语言关系上却是波利尼西亚的，不是美拉尼西亚的。

还能找到更整齐的界线一致的例子。爱斯基摩人的语言、种族、文化和他们的邻人显然不同[①]；南非布须曼人的语言、种族、文化和他们的邻居班图人形成更明显的对比。这样的一致当然有极大的意义，不过并不在于种族、语言、文化三因素之间有什么内在的心理关系。界线上的一致不过指出浅显的历史上的联系。班图人和布须曼人所以在各方面迥然不同，只因为前者来到南非比后者更晚近。这两种人在完全隔绝的情况下发展，他们现在的接近发生得太晚，所以迟缓的种族和文化同化还来不及发生有力的作用。把时间往上推，我们不得不假定，比较稀少的人口世世代代占据着广大的地区，和别的人口集体的接触不会像后来那样急切而持久。地理和历史上的孤立造成人种的差别，自然也有利于深远的语言和文化上的差异。历史上有接触的种族和文化，久而久之会趋向于同化，而同时相邻的语言只偶然在表面上同化[②]，这件事本身就指出，语言的发展以及种族和文化的特殊发展这二者之间没有深刻的因果关系。

但是，机警的读者必然要反驳了：语言和文化、种族之间一定有点关系，至少是和种族的不可捉摸的方面，就是所谓“气质”的方面有关系。某种特殊的集体心理品质形成了某种文化，而这品质又无关某种特殊语言形态的成长，这岂不是不可思议的么。这一问就问到了社会心理学最困难的问题的中心了。至今为止，有没

① 即使在这里也有一些有意思的交错。阿拉斯加最南部的爱斯基摩人，在文化上被邻近的脱令基脱人同化了。在西伯利亚东北，爱斯基摩人和楚科奇人（Chukchi）之间也没有截然的文化分界线。

② 一种语言代替另一种语言当然不是语言同化。

有人充分理解语言和文化沿流的历史过程的性质和这沿流所包含的最后心理因素，因而能清楚地回答这个问题，是很可疑的。我只能简单地说一说我的看法，或者不如说我的一般态度。很难证明“气质”，一个民族的总的情绪倾向①，基本上是一种文化的趋势和沿流的决定因素，尽管它会在个人怎样把握这文化的各个成分时显露出来。就算气质对文化的形成起了某种作用（虽然很难说是怎么起作用的），也不能就此说它对语言的形成也起了同样的作用。没法证明语言形式和民族气质有任何一点联系。语言变异的倾向，它的沿流，顺着历史先例给它规定的渠道无情地向前流；它不顾及说话人的感情和情绪，就像一条河的河道不顾及当地的大气湿度一样。我十分相信，从语言结构里去找分别，以相应于据说是和种族有关的气质变异，那是徒然的。这里，我们最好记起：我们精神生活的情绪方面很少在语言体格中表达出来②。

语言和我们的思路不可分解地交织在一起，从某种意义上说，它们是同一回事。基本的思维结构并不显出有重要的种族差别，所以语言形式的无限变异，也就是思维的实在过程的无限变异，并不指出种族上也有这样重要的区别。只有表面上看来这才是诡辩性的。所有语言的潜在内容都是一样的——都是经验的直觉的科学。两种语言从来不相同的是外表形式，因为这形式，就是我们叫

① “气质”是个不容易对付的名词。糊里糊涂地算在民族“气质”账上的东西，有好些不过是习惯的行为，是传统的道德观念产生的效果。例如，在不喜欢夸张做作的文化里，表露情绪的自然倾向就异乎寻常地被抑制了。习惯上的抑制只是文化产物，从此推论到当地人的气质，很容易误入歧途。而我们通常接触到的人类行为又总是受过文化熏陶的。气质本来是个非常难以捉摸的东西。

② 见41—42页。

做语言形态的，不多不少正是思维表达的集体艺术，一种脱尽了不相干的个人情绪的艺术。所以，分析到最后，语言不可能是从种族本身流露出来的，就像十四行诗的形式一样。

我也不相信文化和语言真有因果关系。文化这名称的定义可以是：一个社会所做的和所想的是什么。语言指的是人具体地怎样思想。很难设想经验的摘录（文化，社会所精选的东西）和社会表达一切经验的具体方式，这二者之间会有什么特殊的因果关系。文化的沿流，也就是说历史，是社会摘录上的一系列复杂变化——有增，有减，也有重点上和关系上的改变。语言的沿流一点也管不着内容的变化，只管形式表达的变化。可以设想，一种语言的每一个声音、每一个词、每一具体概念都改变了，而它的内在的现实一点也不改变，就像可以往一个固定的模子里倒水，倒石膏，或是倒熔化了的金子。如果可以证明，文化在一切种类的具体内容之外，另有一种内在的形式，一套规模，那么，我们就在文化上找到了可以和语言类比的名义，可以和语言发生关系的手段。在没有发现和揭露这种文化上的纯粹形式格局之前，我们最好还是把语言沿流和文化沿流当做两个不能比较的，没有关系的过程。从此可以看出，企图把语言形态的某种类型和文化发展的某一阶段联系起来，总是徒然的。说实在的，这样联系起来是说废话。随便看一看，就能证明我们在这一点上的理论。在文明进化的任何水平上都有形形色色的单纯类型和复杂类型的语言。就语言形式说，柏拉图和马其顿的牧猪奴是同伙，孔夫子和阿萨姆的猎取人头的野人是同行。

语言的内容，不用说，是和文化有密切关系的。不懂得神通论

的社会，用不着神通论这名称；从来没见过或听说过马的土人遇见了马，不得不为这动物创造或借用一个名词。语言的词汇多多少少忠实地反映出它所服务的文化，从这种意义上说，语言史和文化史沿着平行的路线前进，是完全正确的。但是，这种肤浅的、外加上去的平行对语言学家没有真正的价值，除了新词的发生和借用偶然会显出语言的形式趋向。研究语言的人切不可错把语言和它的词汇混为一谈。

如果这一章和前一章多说了一些反面话，我认为这样做还是有益的。要想知道语言的主要性质，最好先弄清楚它不是什么，不做什么。它在表面上和别的历史过程有种种纠葛，必须摆脱了这些，才能看到它的真面目。至今我们看到的真正属于语言的东西都指出，语言是人类精神所创化的最有意义，最伟大的事业——一个完成的形式，能表达一切可以交流的经验。这个形式可以受到个人的无穷的改变，而不丧失它的清晰的轮廓；并且，它也像一切艺术一样，不断地使自身改造。语言是我们所知的最硕大、最广博的艺术，是世世代代无意识地创造出来的、无名氏的作品，像山岳一样伟大。

第十一章　语言和文学

对我们来说，语言不只是思想交流的系统而已。它是一件看不见的外衣，披挂在我们的精神上，预先决定了精神的一切符号表达的形式。当这种表达非常有意思的时候，我们就管它叫文学①。艺术的表达是非常有个性的，所以我们不愿意感觉到它受制于任何预先确定的形式。个人表达的可能性是无限的，语言尤其是最容易流动的媒介。然而这种自由一定有所限制，媒介一定会给它些阻力。伟大的艺术给人以绝对自由的幻觉。物质——黑的或白的油彩、大理石、钢琴的音色或者任何别的东西所加在形式上的束缚，没有被觉察到。艺术家如何最充分地运用形式，物质本身最多能提供什么，这二者之间好像还有无限的周转余地。艺术家直觉地对物质的不可避免的专制投降了，把它的暴性和自己的观感②容容易易地熔合起来。物质“消失”了，那正因为在艺术家的观感里，除了这物质

① 我不能在这里确定地说哪样的表达才“有意思”到足以叫做艺术或文学。再说，我也不确实知道。只能说文学就是文学。

② 这种“直觉的投降”和艺术奴服于传统绝不是一回事。现代艺术里发生过不只一次叛乱，都是出于要从物质里提出它实在能提供的东西这一愿望。印象派要求有光有色，因为油彩能够给他的正是这些；绘画里有“文学”，感情上暗示一个“故事”，那是他所厌恶的，因为他不愿意让另一种媒介的阴影罩住他自己的特殊形式的美。同样地，诗人也不像从前了，他们坚持要求词的意义实在是词的意义。

以外，再没有别的物质存在了。其时他活动在艺术的媒介里，如鱼得水，忘记了还有别的情景存在，而我们也跟他一起陶醉了。可是艺术家只要一违背他的媒介的法则，我们就会大吃一惊，原来还有媒介要我们服从的。

语言是文学的媒介，正像大理石、青铜、黏土是雕塑家的材料。每一种语言都有它鲜明的特点，所以一种文学的内在的形式限制——和可能性——从来不会和另一种文学完全一样。用一种语言的形式和质料形成的文学，总带着它的模子的色彩和线条。文学艺术家可能从不感觉到这个模子怎样阻碍了他，帮助了他，或是用别的方式引导了他。可是一把他的作品翻译成别的语言，原来的模子的性质就立刻显现出来了。文学家的一切表达效果都是通过他自己的语言的形式"天赋"筹划过的，或是直觉地体会到的；不能不受损失地或不加修改地搬过来。所以克罗齐[①]是完全正确的，他说文学作品从来不能翻译。虽然如此，文学作品还是翻译了的，有时候还译得怪不错。这就提出了一个问题：文学这门艺术里是不是交织着两种不同类或不同平面的艺术——一种是一般的、非语言的艺术，可以转移到另一种语言媒介而不受损失；另一种是特殊的语言艺术，不能转移[②]。我相信这样的区分是合理的，尽管在实践上这两

① 见本尼狄多·克罗齐(Benedetto Croce)的"美学"。

② 艺术作品能不能转移的问题，我认为是有真正的理论意义的。不管我们怎样侈谈一件艺术作品的神圣不可侵犯的独特性，我们都很明白(虽然有时候不承认)，所有作品并不同样难以转移。肖邦的练习曲是不可侵犯的，它只在钢琴音色的世界里活动。巴哈的遁走曲可以转移到另一套音色，而不严重丧失审美价值。肖邦用钢琴的语言游戏，好像没有别的语言存在似的(媒介"消失了")。巴哈只把钢琴的语言当做一种顺手的工具，用它来表达由声乐的一般语言模铸成的观感。

个平面从不能清楚地分开。文学把语言当做媒介，可是这媒介是分为两层的，一是语言的潜在内容——我们的经验的直觉记录，一是某种语言的特殊构造——特殊的记录经验的方式。主要地（从来不是完全地）从下面一层取得质料的文学，如莎士比亚的剧作，可以翻译而品质上不至于损失过大。如果文学在上层的活动多于下层——绥英奔（Swinburne）的抒情诗是相当合适的例子——就不如说是不能翻译的。这两类的文学表达都可能是伟大的，也都可能是平凡的。

这样的区分实在没有什么神秘。拿文学和科学对比一下，能把它讲得清楚一点。科学的真理不是个人的，根本不会被表达它的特殊的语言媒介所沾染。它能同样方便地用汉语[①]或英语来传递它的信息。虽然如此，它总得有所表达，而表达总得是语言的。实在说，了解科学真理，这件事本身就是语言程序，因为思维只不过是脱去了外衣的语言。所以，科学表达的正当媒介是一般化了的语言，这种语言可以说是符号的代数，而一切已知语言都是它的翻译。科学文献是能恰当地翻译的，因为原文的科学表达本身就是一种翻译。文学的表达是个人的、具体的，但是这并不意味着它的意义是和它的媒介的偶然性质完全束缚在一起的。譬如说，真正深入的符号作用并不依靠和特种语言的辞句相结合，而是稳固地建筑在一切语言表达的直觉的基础上。用克罗齐的话来说，艺术家的“直觉”是由一般化了的人类经验——思维和感觉——直接形成的，而他个人的经验是高度个别化了的摘择。在这个更深的

① 当然，汉语得留意给自己准备好必要的科学词汇。如果有需要，它就会这样做，并没有严重困难，正像任何别的语言一样。

平面上，思维关系没有特别的语言服装；它的节奏是自由的，完全不是束缚在艺术家的语言的传统节奏上的。某些艺术家的精神活动大部分在非语言的平面上（不如说一般化的语言的平面上）进行，甚至发现难以用习惯说法的严格固定的辞句来表达自己的意思。人们会觉得他们在无意识地追求着一种一般化的艺术语言，一种文学的代数；它是和一切所知语言的总和联系起来的，正像一套严整的数学符号联系着正常语言所能传递的一切有关数学关系的绕了弯的报告。这些艺术家的艺术表达往往不免牵强，有时候像是从一个不知道的来源翻译过来似的——事实上也正是这样。他们——惠特曼们和勃朗宁们——给我们的印象与其说是艺术的巧妙，不如说是精神的伟大。他们比较失败的地方，正是有极大的诊断价值的，能叫人看出在文学里弥漫着一种比任何个别语言都更大、更为直觉的语言媒介。

虽然如此，人的表达总归是人的表达，最伟大的（不如说最叫人满意的）文学家，莎士比亚们和海涅们，下意识地懂得如何把深藏的直觉剪裁得适合日常言语的本地格调。他们一点也不勉强。直觉的绝对艺术和语言媒介内在的特殊艺术完美地综合起来了，这是他们个性的“直觉”的表现。例如，读了海涅，会有一种幻觉，整个宇宙是说德语的。物质“消失”了。

每一种语言本身都是一种集体的表达艺术。其中隐藏着一些审美因素——语音的、节奏的、象征的、形态的——是不能和任何别的语言全部共有的。这些因素有时把自己的力量融合于上文所说的不知道的绝对语言——这是莎士比亚和海涅的方法，有时组成一种独自的、技术性的艺术织物，把一种语言内在的艺术提净了或升华了。这后一类,像绥英奔和成群纤巧的“小”诗人的较为技术性的“文学”艺术,过分脆弱,不能持久。它是用精神化了的物质造成的,不是用精神造成的。绥英奔们的成功和勃朗宁们的部分失败,同样有诊断价值。它们说明文学对语言这集体艺术本身能依靠到什么程度。更极端的玩弄技术的人会把这集体艺术弄得过分个人化了,简直让人受不了。我们不会总是愿意自己的血肉凝成象牙。

艺术家必须利用自己本土语言的美的资源。如果这块调色板上的颜色很丰富,如果这块跳板是轻灵的,他会觉得幸运。但是语言本身的方便不能归功于艺术家。语言的灵活或僵硬是无可奈何的,我们只能从此出发来衡量一个艺术家的作品。平地上的大教堂比白山(Mont Blanc)上的一根棍子要高。换句话说,我们千万不要傻到因为法语的十四行诗的元音比我们的悦耳而羡慕它,也不要因为尼采的散文在它的组织里包含着叫英国人发愣的辅音组合而谴责它。这样品评文学,就好比一个人爱听《脱里斯丹和伊索尔德》(Tristan und Isolde)这歌剧,因为他喜欢号角的音色。有些事一种语言能做得上好,另一种语言怎么做也赶不上它。一般总是会有所补偿的。英语的元音级次生来比法语的逊色,然而英语在节奏的活泼上得到了补偿。甚至可以怀疑,一个语音系统本身的和谐悦耳,作为审美的决定因素来看,是不是像各个声音之间的关系、它们的可以互相类比和互相对比的程度,那样起作用。只要艺术家有法子来布置声音的段落和节奏,他的原料的各个成分会对感官起什么作用就无关紧要了。

但是,一种语言能给与文学以某种方向的不只是它的语音基

础。它的形态特点要重要得多。一种语言能不能创造复合词，它的结构是综合的还是分析的，词在句子里的地位是相当自由的还是排成严格确定的次序的，这些都能在风格的发展上起重要作用。只要风格指的是构词和词序方面的技术问题，它的主要特点就是由语言本身赋予的，是无可逃避的，就像诗的一般音响效果是由语言的声音和自然重音赋予的。风格上的这些基本要素，艺术家几乎不会感觉到，所以不会牵制他的表达上的个性。它们不过是指出了最适合于语言习性的风格发展的途径。真正伟大的风格绝不会严重违反语言的基本形式格局。它不仅把它们组织起来，并且在它们上面建立起来。赫德逊（W. H. Hudson）或摩尔（George Moore）的风格[①]就妙在它自然地、不费力地做到了英语一直想做的事。卡来尔式（Carlylese）虽然有个性，有魄力，不成其为风格，只是条顿式的装腔作势。弥尔顿和他的同时人的散文，严格说来，不是英语的，是用富丽堂皇的英语的词写成的半拉丁文。

很奇怪，欧洲各国的文学要用那么多的时间来学会这件事：风格不是一种绝对的东西，不是把希腊或拉丁的模型强加在语言上，而只是语言本身在天然的河道里流，带有足够的个人色彩，让人觉得艺术家的个性是自然的神态，不是费力的做作。我们现在懂得比较清楚了，一种语言认为有力的、美的，在另一种语言里是恶劣的。具有高度屈折形式的拉丁语和爱斯基摩语容易采取繁复的叠尾结构，在英语里这就叫人讨厌。英语能容忍，甚至要求，散漫的结构，在汉语里这会是淡而无

① 词汇上的个人特点，某些词的选择和使用除外。

味的。而汉语，由于不变的词和严格的词序，就有密集的词组、简练的骈体和一种言外之意，这对英语天性说来，未免太辛涩，太刻板。虽然我们吸收不了拉丁语的繁华的叠尾和古典汉语的集点法风格，但是我们能同情地了解这些外国技术的神髓。

我相信今天的英语诗人会羡慕中国即兴凑句的人不费力气就能达到的那种洗练手法。这里有一个例子[①]：

吴淞江口夕阳斜，北望辽东不见家。

汽笛数声天地阔，飘飘一苇出中华。

但是我们也不要过分妒忌汉语的简练。我们的东倒西歪的表达方式自有它的美处；拉丁语风格紧凑而华丽，也有它可爱的地方。有多少种语言就差不多有多少种文学风格的自然理想。其中绝大多数只是可能的而已，等待着永远不会降生的艺术家手法。然而，在记录下来的原始传说和民歌里，有许多段落是非常有力的、美的。语言的结构时常促成概念的集合，看起来像是风格上的新发现。阿尔贡巾语的单词像是一首首印象派的小诗。我们要小心，不要夸大了内容的新颖，这至少有一半是由于我们用新颖的观点来接触它而已。可是这毕竟还是指出了完全可能有陌生的文学风格，每一种都是与众不同的，都显出人的精神在追求美的形式。

大概没有别的东西比诗的声律更能说明文学在形式上依靠语

① 这绝不是一首伟大的诗，只不过是我的一个年轻中国朋友在离开上海来加拿大时，信手拈来的。（原文诗句以后有一段解释，不必翻译。——译者）

言。讲究音量的诗句，在希腊语里是完全自然的。不仅因为诗和歌谣、舞蹈是同时发生的①，并且因为长音节和短音节的交替在希腊语的日常运用里是活生生的事实。声调虽然只是次要的音势现象，可是它能使音节更具有音量上的个性。把希腊诗的韵律用到拉丁韵文上去，不算太勉强，因为拉丁语也有对音节的音量差别很敏感这一特征。不过，比起希腊语来，拉丁语显然是更侧重重音了。所以，模仿希腊语的、纯粹的音量韵律，大概会让人觉得不像在原来的语言里那样自然。企图用拉丁、希腊的模子来铸造英语的诗，从来没有成功过。英语的动力基础不是音量②，而是音势，是重音节和轻音节的交替。这个事实使英语的诗有完全不同的倾向，过去决定了英语诗格的发展，现在还对创造新诗格起作用。法语的动力里，音势和音节的分量都不是深刻的心理因素。法语的音节本身很响亮，音量上和音势上没有多大波动。音量或音势韵律用在法语上很不自然，就像音势韵律不能用在经典希腊语上，音量或纯粹靠音节的韵律不能用在英语上一样。法语的声律不得不在以音节组为单位的基础上发展。同位元音和后来的押韵，不能不是受欢迎的、几乎不可少的手段，用它来把一串串支持不起的响亮音节说清楚或分成段落。英语能接受法语的暗示采用押韵，然而在节奏的安排上并不真正需要它。所以押韵的用处一直是远比不上音势，有点像装饰品，时常可以不用。押韵进入英语较法语为

① 不论在哪里，诗的起源总是和歌唱的声音、舞蹈的步伐分不开的。可是讲究重音和字数的诗好像比讲究音量的诗更是通行的模范。

② 音量差别的存在是客观的事实，但不像在希腊语里那样具有内在的心理价值。

晚，现在又似乎要离开它了，这在心理上不是偶然的事[①]。汉语的诗[②]沿着和法语差不多的道路发展。音节是比法语音节更完整、更响亮的单位；音量和音势太不固定，不足以成为韵律系统的基础。所以音节组——每一个节奏单位的音节的数目——和押韵是汉语韵律里的两个控制因素。第三个因素，平声音节和仄声（升或降）音节的交替，是汉语特有的。

总起来说，拉丁和希腊诗依靠音量对比的原则；英语诗依靠音势对比的原则；法语诗依靠音节数目和响应[③]的原则；汉语诗依靠数目、响应和声调对比的原则。这些节奏系统，每一种都出自语言的无意识的动力习惯，都是老百姓嘴里掉出来的。仔细研究一种语言的语音系统，特别是它的动力特点，就能知道它发展过哪样的诗。要是历史曾经跟它的心理开过玩笑，我们也能知道它本该发展哪样的诗，将来会发展哪样的诗。

不管一种语言的声音、重音和形式是怎样的，也不管这些东西怎样影响了它的文学的外形，总有一种暗中的补偿规律给艺术家保留用武之地。要是他在这一边受到一点拘束，他可以在那一边发挥一下。并且，如果他一定要上吊，他总有足够的绳子。这样的事情不足为奇。语言本身是表达的集体艺术，是千千万万个人的直觉的总结。个人在集体的创造里消失了，可是他的个人表达留

① 斐海戎（Verhaeren）并不是六拍诗（Alexandrine）的奴隶，可是他谈到翻译“黎明（Les Aubes）”的时候，对西蒙斯（Symons）说，虽然他赞成英译本不用押韵，他发现在法语这就“没有意思”。

② 原文 verse，泛指韵文。——译者

③ 原文 echo，指同位元音和押韵。——译者

下一点痕迹，可以在语言的伸缩性和灵活性里看出来。人类精神的一切集体事业都是这样的。语言准备好，或者立刻会准备好，给艺术家的个性以一定的轮廓。如果没有文学艺术家出现，那主要不是因为这语言是薄弱的工具，而是因为这个民族的文化不利于产生追求实在有个性的言辞表达的人格。

重印后记

萨丕尔既是语言学家，又是人类学家。他生于德国，幼年移居美国，毕业于哥伦比亚大学，获博士学位。他先在加利福尼亚和宾夕法尼亚两大学任教；后在加拿大地质调查所主持人类学部门十五年；再回美国芝加哥大学教书。1931 至 1939 年担任耶鲁大学人类学和语言学两门的斯特林讲座。1933 年，他被选为美国语言学会会长，1938 年为美国人类学协会会长。

萨丕尔初习日耳曼语和闪族语，后转攻人类学和印第安各族语言。他对北美和中美洲各印第安族语言特别有研究，常深入现场，从事录音。同时，他的兴趣还涉及世界上大部分的语言；在历史语言学和比较语言学方面也做了许多研究工作。

萨丕尔这本书的篇幅虽不大，其影响却不小。英美近年出版的语言学书籍，引用这本书和萨氏其他著作之处相当多。论者认为，他的《语言论》以语言类型学为中心，很精彩和具有影响力，成为二十世纪初期语言学的主要著作之一。从内容来说，第四、五、六章是本书的核心部分。英国语法学家夸克(Quirk)等所著《当代英语语法》被认为是一部较新和相当有价值的语言工具书，其第二章附注中说，萨丕尔这本《导论》(1921)是非常令人感兴趣的，尤其是第四、五两章(见原书第六十八页)。

本书中译本的校订者陆志韦是语言学家和心理学家，历任教授和前燕京大学校长。解放后曾任中国科学院语言研究所研究员及哲学、社会科学部委员、中国文字改革委员会委员等职。本书前有他写的序言，对书的内容作了比较详细的分析。

译本由我馆于1964年初版。1977年我馆香港分馆在港重印。现将本书列入“汉译世界学术名著丛书”再次印行，以飨读者。

图书在版编目(CIP)数据

语言论:言语研究导论/(美)爱德华·萨丕尔著;陆卓元译.—北京:商务印书馆,2017
(汉译世界学术名著丛书:120年纪念版:珍藏本)
ISBN 978-7-100-14909-9

Ⅰ.①语… Ⅱ.①爱… ②陆… Ⅲ.①语言学—研究 Ⅳ.①H0

中国版本图书馆CIP数据核字(2017)第158944号

汉译世界学术名著丛书
(120年纪念版·珍藏本)

语 言 论

——言语研究导论

〔美〕爱德华·萨丕尔 著
陆卓元 译
陆志韦 校订

商 务 印 书 馆 出 版
(北京王府井大街36号 邮政编码100710)
商 务 印 书 馆 发 行
北 京 冠 中 印 刷 厂 印 刷
ISBN 978-7-100-14909-9

2017年12月第1版 开本 710×1000 1/16
2017年12月北京第1次印刷 印张 14
定价:70.00元